Mon album des sciences

par professeur Génius

QUÉBEC AMÉRIQUE jeunesse

À toi qui ouvres cet album,

Les premiers signes de l'existence de la science sont des petits os entaillés dont l'âge remonte à plusieurs milliers d'années. Les scientifiques qui les ont retrouvés au cours de fouilles affirment que ces entailles servaient à compter. Fascinant, non ? Depuis, des femmes et des hommes passionnés par la nature n'ont eu de cesse de comprendre comment notre monde fonctionne… Ils ont développé de nombreuses théories, ils ont mis au point des instruments de mesure et d'observation de plus en plus sophistiqués afin de répondre à des interrogations toujours plus pointues…

Je suis depuis toujours passionné par l'univers de la science… Au fil des années, j'ai amassé des coupures de journaux, des extraits de livres, de revues et des photographies qui témoignent de la curiosité, de l'imagination et de la détermination dont font preuve les scientifiques du monde entier ! Je te présente toutes ces informations dans « Mon album des sciences »… En plus de te dévoiler les secrets incroyables du monde qui nous entoure, cet album te propose un voyage à travers l'histoire, en te présentant les génies qui ont fait progresser la science et la manière dont ils s'y sont pris pour résoudre les énigmes scientifiques…

Tu le sais déjà, la science est un vaste univers qui réunit de nombreux domaines. On y trouve la physique, les mathématiques, la chimie, la géologie, la biologie, mais aussi les sciences qui étudient l'être humain et ses comportements (on les appelle les « sciences humaines »). Il est malheureusement impossible de te les présenter tous dans un seul album. J'ai donc choisi, dans un premier temps, de t'emmener visiter les mathématiques, la chimie et la physique.

Bonne lecture, jeune curieux ! Et n'oublie pas que l'imagination et la curiosité sont au cœur de tous les esprits scientifiques !

professeur Génius

Québec, le 2 avril 2007

Cher Génius,

Quel superbe album et surtout quelle façon originale et amusante de nous présenter l'univers des mathématiques, de la physique et de la chimie ! Aussi, votre choix d'images des plus pittoresques rend cet univers, souvent perçu comme aride, tout à fait sympathique.

Au fil de l'album, le lecteur est amené à saisir le rôle important que jouent les mathématiques dans le développement de toutes les sciences, voire des arts et, de surcroît, à prendre conscience qu'elles sont présentes dans notre quotidien. Vous avez relevé là tout un défi !

Par ailleurs, votre souci de mettre en valeur les êtres humains à l'origine des découvertes scientifiques rend votre ouvrage attachant et absolument passionnant.

Tout en nous faisant découvrir l'utilité des sciences, vous nous montrez que leur apprentissage peut être une source intarissable de plaisir. Merci de nous donner le goût des sciences et de nous les faire aimer !

Amicalement,

Jean-Marie De Koninck

Mon ami Jean-Marie De Koninck est professeur de mathématiques à l'Université Laval de Québec. Il aime par-dessus tout partager son amour des nombres avec le grand public. Ses talents de vulgarisateur lui ont d'ailleurs valu d'être nommé « Scientifique de l'année 2005 » par la société Radio-Canada !

Vous pouvez écrire au professeur Génius à l'adresse électronique suivante :
professeur@geniusinfo.net
ou encore lui envoyer du courrier par la poste, à l'adresse ci-contre :

Professeur Génius
3ᵉ étage
329, rue de la Commune Ouest
Montréal (Québec)
H2Y 2E1
Canada

www.geniusinfo.net

Mon album des sciences par professeur Génius a été conçu et créé par :

Dépôt légal : 2007
Bibliothèque nationale du Québec
Bibliothèque nationale du Canada

Catalogage avant publication de Bibliothèque et Archives nationales du Québec et Bibliothèque et Archives Canada

Professeur Génius
  Mon album des sciences
  Comprend un index.
  Pour les jeunes de 10 ans et plus.
  ISBN 978-2-7644-0854-4

  1. Sciences - Ouvrages pour la jeunesse.   I. Titre.

Q163.P76 2007   j500   C2007-940726-9

QUÉBEC AMÉRIQUE

Québec Amérique jeunesse
une division de
Les Éditions Québec Amérique inc.
3ᵉ étage
329, rue de la Commune Ouest
Montréal (Québec)
H2Y 2E1 Canada

T 514.499.3000   **F** 514.499.3010

www.quebec-amerique.com

© Les Éditions Québec Amérique inc., 2007. Tous droits réservés.

Il est interdit de reproduire ou d'utiliser le contenu de cet ouvrage, sous quelque forme et par quelque moyen que ce soit – reproduction électronique ou mécanique, y compris la photocopie et l'enregistrement – sans la permission écrite de Les Éditions Québec Amérique inc.

Imprimé et relié à Singapour.

10 9 8 7 6 5 4 3 2 1   12 11 10 09 08 07

Nous reconnaissons l'aide financière du gouvernement du Canada par l'entremise du Programme d'aide au développement de l'industrie de l'édition (PADIÉ) pour nos activités d'édition.

 Conseil des Arts du Canada   Canada Council for the Arts   Québec

Gouvernement du Québec – Programme de crédit d'impôt pour l'édition de livres – Gestion SODEC.

Les Éditions Québec Amérique inc. bénéficient du Programme de subvention globale du Conseil des Arts du Canada. Elles tiennent également à remercier la SODEC pour son appui financier.

Les personnages qui peuplent l'univers du professeur Génius, à l'exception de M. Jean-Marie De Koninck, sont pure fantaisie. Toute ressemblance avec des personnes vivantes serait fortuite. Bien que les faits qu'ils contiennent soient justes, les articles de journaux, lettres d'époque, livres et revues tirés de la collection personnelle du professeur sont également issus de l'imaginaire des créateurs de cet album.

Contenu

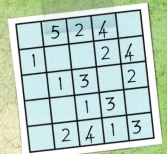

LA SCIENCE 6
Son histoire, ses grands domaines,
la méthode scientifique

LES MATHÉMATIQUES 8
Leur histoire, les nombres, les formes et la logique

LA CHIMIE 26
Son histoire, les éléments de la matière,
les transformations physiques et chimiques

LA PHYSIQUE 42
Son histoire, les forces de l'Univers,
les différentes formes d'énergie,
l'infiniment grand et l'infiniment petit

CONCLUSION 60
L'avenir de la science

À la découverte des mystères du monde...

Pourquoi les objets tombent-ils ? Comment l'eau se transforme-t-elle en glace ? D'où viennent les couleurs ?... Depuis bien longtemps, les êtres humains essaient d'expliquer les phénomènes qui les entourent. Pour ce faire, ils observent, écoutent, touchent, sentent et goûtent... C'est comme cela qu'ils ont inventé... la science ! Tu vois, mon ami, la science cherche à comprendre comment notre monde fonctionne et à connaître de quoi il est fait exactement... C'est une belle quête, ambitieuse et passionnante !

SCIENCE (du latin *scientia* [savoir]) : Ensemble des disciplines dans lesquelles interviennent l'observation, l'expérimentation et la démonstration. Les mathématiques, la physique, la chimie, la biologie et la géologie sont des sciences.

Pour que leurs théories soient reconnues par l'ensemble de la communauté scientifique, tous les savants doivent suivre une démarche extrêmement rigoureuse ! Lis cette courte bande dessinée que j'ai dénichée dans une revue scientifique pour les jeunes, elle te présente d'une manière amusante les différentes étapes de la démarche scientifique.

Cher professeur,
Quand je serai plus grand, je voudrais inventer un vaccin contre le cancer! Mais je ne suis pas le premier de ma classe. Est-ce que je pourrais quand même devenir un scientifique?
Merci de me répondre,

Vincent, 10 ans

Rassure-toi, les grands génies de l'histoire de la science sont des êtres humains comme toi et moi! Tu seras sans doute surpris d'apprendre que certains étaient même de mauvais élèves… Ce fut le cas du célèbre physicien Albert Einstein et du fameux chimiste et biologiste Louis Pasteur. C'est leur grande curiosité, leur soif de comprendre et aussi leur détermination qui ont fait d'eux des génies! Qui sait? Tu seras peut-être toi-même un des génies scientifiques de demain… Il te suffit d'être curieux, attentif aux phénomènes qui t'entourent et, surtout, persévérant.

Étudier le monde est un travail considérable, tu sais! Pour être plus efficaces, les scientifiques ont partagé la science en plusieurs domaines. Ils sont trop nombreux pour que je te les détaille tous dans cet album. J'ai donc choisi de t'en présenter trois, parmi les plus importants :

Les **MATHÉMATIQUES** manipulent les nombres. Elles permettent de résoudre des problèmes et de mettre en équation les théories qui dirigent l'Univers. Grâce à elles, on peut par exemple prévoir le temps qu'il fera demain ou calculer la trajectoire que suit une planète (pages 8 à 25).

La **CHIMIE** étudie les éléments qui composent la matière. Elle tente de comprendre comment ces derniers se combinent et réagissent entre eux. Grâce à la chimie, on peut fabriquer des parfums et comprendre pourquoi un bateau peut rouiller (pages 26 à 41).

La **PHYSIQUE** s'intéresse à la nature de la matière. Elle étudie les forces, le mouvement et les différentes formes d'énergie qui gouvernent l'Univers. Grâce à elle, on peut notamment faire voler un avion et comprendre pourquoi un caillou tombe quand on le lâche (pages 42 à 59).

Prêt à percer les secrets de la science en ma compagnie? Tourne la page! Nous commençons avec les mathématiques.

Date : Fin de l'automne mais pas encore l'hiver   Prix : Autant que ces étoiles ★★★★

Que serait un monde sans chiffres ?

Le programme de télévison est situé sur la page qui suit celle du milieu.

Tous les résultats du hockey
par Hélène Hache

Hier soir, les « Capitaines » de Montréal ont mis le feu à la patinoire ! Ils ont, une nouvelle fois, remporté la coupe dorée après avoir battu les « Gorilles » de Toronto. Jean Leglisseur s'est fait remarqué après avoir marqué un but, puis un autre puis encore un autre pendant la période du début. L'autre but a été marqué au cours de la période du milieu par Justin Rondelle, le jeune nouveau de l'équipe. Le public, qui a rempli entièrement la salle, l'a acclamé longtemps. Encore bravo !

Les derniers résultats	
Vancouver	beaucoup de points
Regina	moins que Vancouver
Ottawa	un certain nombre de points
Edmonton	aucun point
Montréal	encore plus de points que Vancouver

Météo mondiale
par Yvan Blizzard

 Montréal
Ensoleillé, bonnet et gants indispensables

 Paris
Quelques éclaircies, frais mais pas trop

 Londres
Pluvieux mais pas trop froid

 Rio de Janeiro
Chaud, prévoir son costume de bain

 New Delhi
Chaud (plus que Rio) et humide, boire beaucoup

Je me suis follement amusé à imaginer un extrait de journal tiré d'un monde sans chiffres. Intéressant, non ? De cette façon, j'espère avoir réussi à te prouver à quel point les nombres sont importants dans notre vie de tous les jours ! Car tout ce que nous faisons a un lien avec eux... Nous les utilisons pour compter, acheter, mesurer, faire des prévisions, construire des édifices et des machines, et tant d'autres choses...

Point de fuite

De tout temps, les mathématiques ont été indispensables aux êtres humains ! Par exemple, pour répertorier ce qu'ils possédaient, les femmes et les hommes de la Préhistoire entaillaient des os. Bien plus tard, lorsque le commerce est devenu florissant, il a fallu des outils mathématiques plus sophistiqués. C'est comme cela que les opérations élémentaires, comme l'addition et la soustraction, sont apparues. Chaque fois que le quotidien montrait les limites d'un outil mathématique, un nouveau était créé. C'est ainsi que les mathématiques se sont perfectionnées au fil du temps !

Les mathématiques sont présentes dans tous les domaines scientifiques. Les physiciens les utilisent, par exemple, pour mesurer l'épaisseur que la paroi d'un sous-marin doit avoir pour que celui-ci résiste à la pression de l'eau. Les chimistes, quant à eux, peuvent calculer la composition en sucres, en gras et en minéraux d'un morceau de chocolat... Les mathématiques sont aussi très présentes dans un domaine que l'on pense pourtant loin des sciences... Tu as une idée ? Ce sont les arts !

Le coin de l'artiste

Accueil | Musique | Arts | Lettres | Info

Les mathématiques et les arts

Les arts s'inspirent énormément des mathématiques. Dans les peintures, on retrouve, par exemple, la perspective, une notion issue de la géométrie qui donne l'impression que l'image peinte est en trois dimensions. En musique, la longueur des cordes des instruments à cordes est calculée selon la note que la corde doit émettre : do, ré, mi, fa, sol, la, si... Un architecte, quant à lui, mesure les longueurs, les hauteurs et les angles pour réaliser le plan d'un édifice.

Je me suis servi de la perspective pour dessiner ce paysage. Cette technique consiste à tracer des lignes à partir d'un point qu'on appelle « point de fuite ». Les artistes suivent ces lignes pour construire leurs dessins. C'est ce qui donne à ceux-ci une impression de profondeur.

MATHÉMATIQUE (du grec *mathêmaticos*, de *mathêma* [ce qui s'apprend]) : Domaine de la science étudiant les nombres, les grandeurs et les figures géométriques au moyen de la méthode déductive.

Prépare-toi, mon jeune ami, à voyager dans un monde très varié ! Dans les prochaines pages, tu constateras que les mathématiques s'intéressent de près aux FORMES qui composent notre univers (pages 18 à 21) ! Tu verras aussi qu'elles sont une affaire de LOGIQUE (pages 22 à 25), une dimension indispensable pour résoudre les problèmes qui se posent à un mathématicien ! Mais, tu l'as deviné, les mathématiques sont avant tout un monde de NOMBRES (pages 10 à 17)... Je t'invite à le visiter dès maintenant !

Il était une fois les mathématiques...

Des chiffres et des nombres

> 1, 2, 3,
> nous irons au bois ;
> 4, 5, 6,
> cueillir des cerises ;
> 7, 8, 9,
> dans un panier neuf ;
> 10, 11, 12,
> elles seront toutes rouges !

C'est avec cette comptine que j'ai appris les chiffres et les nombres... As-tu remarqué comme ces petits signes sont présents autour de nous ? Sur la télécommande de la télévision, les journaux, les panneaux de signalisation routière... Nous vivons dans un monde de chiffres ! Mais sais-tu d'où ils viennent ? J'ai demandé à mon amie Ea Ping Kor (elle travaille à la bibliothèque de mon quartier) de me trouver des renseignements sur les premiers chiffres de l'Histoire. Voici sa réponse :

```
Objet : Les chiffres
Date : le 15 janvier 2007
À : professeur Génius
```

Cher ami,
De nombreuses découvertes archéologiques permettent d'affirmer que l'être humain compte depuis déjà bien longtemps. Tout a commencé pendant la Préhistoire, quand les chasseurs entaillaient des os ou du bois pour comptabiliser le gibier abattu. Il y a environ 6000 ans, les Sumériens comptaient avec de petits objets d'argile de forme et de taille variables (je vous joins à ce sujet une illustration). Sachez que les Égyptiens, les Mayas (qui habitaient les plaines du Mexique), les Grecs, les Romains, les Chinois et d'autres civilisations de l'Antiquité avaient tous leur propre système de numération. Au fait, les chiffres que nous utilisons aujourd'hui sont originaires de l'Inde.

Bien à vous,
Votre amie Ea Ping

1   10   60   600   3600   36000

Certains peuples ont utilisé les lettres de l'alphabet comme chiffres. Les chiffres romains, par exemple, ont été adoptés dans l'Europe entière sous l'empire romain. Voici quelques nombres de cet ancien système :

I - 1	VIII - 8
II - 2	IX - 9
III - 3	X - 10
IV - 4	L - 50
V - 5	C - 100
VI - 6	D - 500
VII - 7	M - 1000

Ces chiffres étaient bien peu pratiques, tu sais. Le nombre 2338, par exemple, comptait pas moins de 12 symboles !
MMCCCXXXVIII

Connais-tu la différence entre les chiffres et les nombres ? Les chiffres sont des symboles. Ce sont nos 0, 1, 2, 3, 4, 5, 6, 7, 8, 9. Les nombres représentent une quantité. Ainsi, le nombre 215 est formé des chiffres 2, 1 et 5. Les nombres sont composés de chiffres... comme les mots sont constitués de lettres !

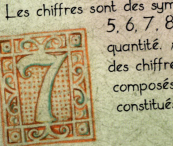

Comme Ea Ping le précise, nos dix chiffres ont été inventés par les Indiens aux environs de -200. Au fil des ans, ceux-ci ont amélioré leur système de numération. Au 4e siècle, les Indiens ont inventé deux concepts géniaux : la numération de position et le zéro. Ces deux extraits te les expliquent brièvement.

Avant son invention, le zéro était représenté par un espace. Il était alors très facile de confondre « 5 1 » (501) avec « 51 » ! Dès le 4e siècle, les Indiens ont marqué ces espaces avec un point puis, un peu plus tard, par un cercle. Attention ! Zéro ne signifie pas toujours rien : si on le place à la droite d'un nombre, alors celui-ci est multiplié par 10 !

Fantastiques mathématiques, p. 59

Nous comptons grâce à nos 10 chiffres. Pour cette raison, notre système de numération est une « base 10 ». Pourquoi 10 et pas 8 ou 14 ? Eh bien, sans doute parce que dès que l'être humain a commencé à compter, il s'est aidé de ses 10 doigts. Tu sais, mon ami, il est possible d'écrire les nombres autrement qu'en base 10. La base 2, par exemple, n'emploie que deux chiffres : le 0 et le 1. C'est un système très utilisé dans les programmes informatiques. Voici un tableau qui présente les nombres en base 10 et en base 2. Amuse-toi à donner les chiffres de ton numéro de téléphone en utilisant la base 2... Mais n'oublie pas de fournir ce tableau à tes copains, sinon tu risques d'attendre bien longtemps leur appel !

UNE PLACE QUI COMPTE...

Avez-vous remarqué que la position des chiffres dans un nombre est très importante ? Les nombres 25 et 52, par exemple, sont constitués des mêmes chiffres. Cependant, ils n'indiquent pas du tout la même quantité. Selon leur position, les chiffres ont une valeur d'unité, de dizaine, de centaine, etc. C'est ce qu'on appelle la numération de position.

La science aux jeunes, mars 2007

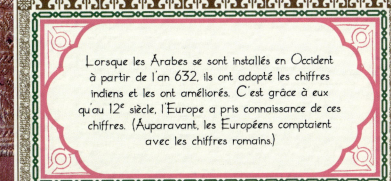

Lorsque les Arabes se sont installés en Occident à partir de l'an 632, ils ont adopté les chiffres indiens et les ont améliorés. C'est grâce à eux qu'au 12e siècle, l'Europe a pris connaissance de ces chiffres. (Auparavant, les Européens comptaient avec les chiffres romains.)

Base 10	Base 2
0	0
1	1
2	10
3	11
4	100
5	101
6	110
7	111
8	1000
9	1001
10	1010
11	1011
12	1100
13	1101
14	1110

Compter

Le savais-tu?

Le terme calcul tire son origine du latin *calculus* qui signifie «petite pierre». Cela vient du fait que les êtres humains ont compté avec de petits cailloux pendant bien longtemps. Jadis, on donnait aux bergers une bourse remplie d'autant de cailloux que de bêtes à surveiller. Le soir, lorsqu'ils ramenaient leur troupeau, ils retiraient un caillou de la bourse chaque fois qu'une bête rentrait dans l'étable. Si tous les cailloux étaient retirés du sac, cela signifiait qu'aucune ne manquait.

Je sais tout, mai 2006

Comme tu as pu le constater à la lecture de la chronique «Le savais-tu?», le calcul est né bien avant l'apparition des chiffres! Quant aux premières opérations élémentaires, comme l'addition et la soustraction, elles sont apparues il y a 10 000 ans. Au fait, connais-tu l'histoire des petits signes qui identifient les opérations? Voici un article et quelques notes qui t'éclaireront sur la provenance des +, −, × et ÷.

Le signe = a été inventé par le Gallois Robert Recorde en 1557. Auparavant, il se notait «aequalis», ce qui signifie «égal» en latin.

Le signe de multiplication × a été proposé par l'Anglais William Oughtred en 1631. En latin, il s'écrivait «in». Ainsi, 3 × 2 se notait 3 in 2.

Le signe de division ÷ est issu de l'ouvrage du mathématicien suisse Johannes Heinrich Rahn en 1659. Auparavant, il s'écrivait avec une barre horizontale séparant les deux chiffres ($\frac{3}{4}$).

L'histoire du + et du −

Les Égyptiens de l'Antiquité dessinaient une paire de jambes tournée vers la gauche pour indiquer une addition et une autre tournée vers la droite pour signaler une soustraction. Jusqu'au 15e siècle, les mathématiciens écrivaient *piu* (pour «j'ajoute») et *minus* (pour «je soustrais»). Ces mots ont été remplacés par les lettres p et m à la fin du 15e siècle. Les signes + et − ont fait leur première apparition en 1489 dans un livre du mathématicien allemand Johannes Widmann, mais c'est seulement au cours du 16e siècle que leur usage se généralisa.

Fantastiques mathématiques, p. 32

D'autres opérations mathématiques sont apparues au fil du temps. Souvent très ingénieuses, elles servaient à simplifier les calculs qui devenaient de plus en plus complexes. Voici un petit exemple:

La PUISSANCE est un raccourci pour signifier qu'un nombre est multiplié plusieurs fois par lui-même. Ainsi, $2 \times 2 \times 2 \times 2 = 16$ s'écrit aussi 2^4 (cela se dit «2 à la puissance 4»). L'opération inverse de la puissance se nomme «racine». Elle est symbolisée par le signe $\sqrt{}$. Par exemple, la racine de 9 est 3 ($\sqrt{9} = 3$) car $3^2 = 9$.

La science, p. 63

Les puissances du nombre 10 sont très pratiques car elles permettent d'écrire de très grands ou de très petits nombres. Remarque la place économisée lorsqu'on utilise les puissances! (Ici, 10^{90} signifie que 10 est multiplié 90 fois par lui-même!)

$10^{90} = 1\ 000\ 000\ 000\ 000\ 000\ 000\ 000\ 000\ 000\ 000\ 000\ 000\ 000\ 000\ 000\ 000\ 000\ 000\ 00...$

Mesurer

Les nombres ont toujours été au cœur de nos systèmes de mesure… L'extrait ci-dessous t'en donne un exemple intéressant !

Le 12, vedette de la mesure !

De nombreux systèmes de mesure, hérités de l'Antiquité, se sont appuyés sur le nombre 12. Pourquoi 12 ? Tout simplement parce c'est un nombre qui se divise par 2, par 3 et par 4. C'est très pratique pour faire des calculs ! Les pieds et les pouces, par exemple, sont des unités de longueur anglo-saxonnes qui s'appuient sur le nombre 12 :

12 pouces = 1 pied

Le nombre 12 est aussi le roi de la mesure du temps… Constatez-le ! Il y a 24 (2 × 12) heures dans une journée, 60 (5 × 12) minutes dans une heure, 60 secondes dans une minute.

Fantastiques mathématiques, p. 28

Pieds, pouces… Tu sais, les savants se sont souvent inspirés du corps humain pour créer les premières unités de mesure ! Les Égyptiens, par exemple, mesuraient les distances avec des palmes, des pouces, des cheveux, etc.

CHEVEU (la plus petite unité)
DOIGT
POUCE
COUDÉE
PALME
PIED

Toutes ces mesures anciennes variaient d'un pays à l'autre… et même selon la nature de l'objet mesuré ! Tu imagines bien que cela pouvait entraîner une grande confusion. Il y a plus de 200 ans, une commission de l'Académie des sciences, en France, composée de mathématiciens réputés, a eu l'idée géniale de créer un système universel. C'est ainsi que naquit le système métrique, basé sur le nombre 10.

1 mètre (m) = 10 décimètres (dm)
1 dm = 10 centimètres (cm)
1 cm = 10 millimètres (mm)
1 000 m = 1 kilomètre (km)

Depuis cette invention, le pied et le pouce ont presque disparu. Seuls les Anglo-Saxons utilisent aujourd'hui cet ancien système de mesure…

Les mathématiques sont découpées en plusieurs domaines. Celui qui s'intéresse au calcul, aux nombres et à leurs propriétés se nomme ARITHMÉTIQUE.

Bizarreries mathématiques...

L'étude des nombres et de leurs propriétés est passionnante, tu sais ! Elle nous révèle des nombres curieux, mystérieux ou tout simplement bizarres... Voici un petit panorama des plus célèbres !

2, 3, 5, 7 ou 22 091... Ces nombres sont tous des **NOMBRES PREMIERS**. Leur particularité ? Ils se divisent uniquement par 1 et par eux-mêmes sans qu'il y ait de reste ! Les nombres premiers fascinent les mathématiciens car ils représentent rien de moins que les briques élémentaires de l'univers des nombres ! En effet, n'importe quel autre nombre entier est un produit de nombres premiers !... Observe bien : $4 = 2 \times 2$; $6 = 3 \times 2$ ou $249 = 83 \times 3$. Le plus grand nombre premier que nous connaissons actuellement est $2^{32\,582\,657} - 1$ qui comporte 9 808 358 chiffres !

Pour découvrir les nombres premiers, écris dans une grille les nombres de 2 à 100 par ligne de 10. Puisqu'un nombre premier ne se divise que par 1 et lui-même, colorie le 2 et raye tous ses multiples (en vert). Fais de même avec les nombres 3 (en rose), 5 (en orange) et 7 (en jaune). Les multiples de 4, 6, 8, 9 et 10 ont disparu quand tu as éliminé les multiples de 2 et 3. Tous les nombres restants sont des nombres premiers (ici, ils sont colorés en bleu !).

Fantastiques mathématiques, p. 26

Ératosthène (entre environ 276 et 194 av. J.C.)

C'est un mathématicien futé, le Grec Ératosthène, qui a trouvé ce moyen très ingénieux de repérer les nombres premiers entre 1 et 100.

Φ Il y a un autre nombre qui me fascine tout particulièrement ! Les mathématiciens l'appellent **PHI** (représenté par la lettre grecque φ), mais son nom le plus courant est « le nombre d'or »...

Ce nombre est connu depuis l'Antiquité, tu sais. Mais c'est au cours de la Renaissance, vers le 16ᵉ siècle, que phi a été surnommé « nombre d'or ». Pourquoi ? Eh bien, parce que les artistes considéraient que les formes où intervenait ce dernier en tant que mesure étaient les plus harmonieuses... Oh, j'oubliais... Phi correspond en fait à 1,61803... Tu sais, ce coquin possède d'étranges propriétés... Prends ta calculette et vérifie par toi-même !

$$1 \div \phi = \phi - 1 \qquad \phi \times \phi = \phi + 1$$

100 000 $ DE RÉCOMPENSE !

L'Electronic Frontier Foundation (EFF) offre une récompense de 100 000 $ au premier qui découvrira un nombre premier à dix millions de chiffres ! Notez bien que vous pouvez installer un programme informatique pour effectuer cette recherche. Renseignez-vous auprès de la EFF. Alors, tous à vos ordinateurs !

Le journal du dimanche, 18 février 2007

Tu remarqueras parfois que les chiffres après la virgule de certains nombres sont suivis de « ... ». Cela signifie simplement que le nombre possède un nombre infini de chiffres après la virgule !

Comme le nombre d'or, PI (représenté par la lettre grecque π) est un nombre remarquable. D'abord, pi est intimement lié au cercle. Quand on divise la circonférence d'un cercle par son diamètre, on retrouve toujours pi! Vérifie par toi-même en mesurant les tasses, les assiettes ou tout ce que tu trouves de rond chez toi! (Aide-toi d'une cordelette pour prendre tes mesures.)

pi = circonférence ÷ diamètre

Circonférence   Diamètre

Tout comme phi, pi possède un nombre infini de décimales! Les mathématiciens s'amusent d'ailleurs à trouver toujours plus de chiffres après sa virgule. Ils cherchent une formule susceptible de trouver ces décimales et l'introduisent dans de puissants ordinateurs qui font les calculs à leur place. Aujourd'hui, ils ont réussi à calculer plus de 1240 milliards de chiffres après la virgule! Voici un truc amusant qui t'aidera à te souvenir des 30 premiers. (Le nombre de lettres de chaque mot correspond à un chiffre de pi. Il ne te reste qu'à mémoriser ces quelques phrases et à épater tes amis!)

π = 3,141 592 653 589 793 238 462 643 383 279...

Que(3) j'(1)aime(4) à(1) faire(5) apprendre(9) un(2) nombre(6) utile(5) aux(3) sages(5). Immortel(8) Archimède(9), artiste(7), ingénieur(9) qui(3) de(2) ton(3) jugement(8) peut(4) briser(6) la(2) valeur(6)? Pour(4) moi(3) ton(3) problème(8) eut(3) de(2) pareils(7) avantages(9).

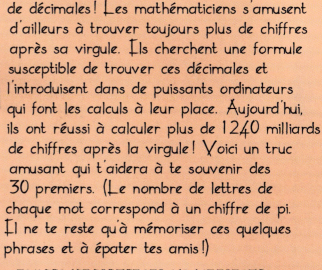

Certains nombres, comme le 13, semblent frappés d'une malédiction! En effet, qui ne connaît pas la mauvaise réputation d'un vendredi 13 ou d'un repas réunissant 13 convives? J'ai demandé à mon ami mathématicien Karl Kulatrisse d'où pouvaient provenir ces croyances. Voici sa réponse.

Mon cher ami,

Le 13 possède en effet la réputation de porter malchance... Il semble que cela tienne à la tradition judéo-chrétienne. Laissez-moi vous expliquer... Juste avant de mourir, Jésus a partagé un repas avec ses compagnons. Ces derniers étaient au nombre de 12. Avec Jésus, ils étaient donc 13 à table! Or, ce soir-là, un des 12 amis de Jésus, l'apôtre Judas, l'a trahi, le menant, de ce fait, à la mort. Depuis ce temps, le 13 est signe de malheur pour certains. Cette superstition est si forte que dans certains hôtels il n'y a ni 13ᵉ étage ni chambre 13. De même, certaines équipes sportives n'ont pas de maillot « 13 » et des compagnies d'aviation n'ont jamais de vols nº 13!

Notre dernier souper ensemble remonte à bien longtemps. Choisissons une date, voulez-vous? Pourquoi pas le prochain vendredi 13, si vous n'êtes pas superstitieux!

Au plaisir,
Karl

← Panneau d'ascenseur sans étage numéro 13

Le calcul du hasard...

J'aime frissonner au son du tonnerre et admirer les éclairs qui zèbrent le ciel les soirs d'orage. Beaucoup de gens ont peur de la foudre. Est-ce ton cas ? Rassure-toi, mon ami, nous n'avons que très peu de chances d'être foudroyés... Une simple peau de banane serait même plus dangereuse que ces éclairs... Tu en seras convaincu en jetant un coup d'œil à l'extrait ci-contre. Il te présente quelques prévisions calculées à partir de ce que les mathématiciens nomment « THÉORIE DES PROBABILITÉS ».

Quelles sont vos « chances » ?

Vous avez...

 1 chance sur 300 de mourir d'une crise cardiaque

 1 chance sur 4 000 d'être tué dans un accident de la route

 1 chance sur 16 000 de périr des suites d'une chute

 1 chance sur 100 000 d'être victime d'un meurtre

 1 chance sur 10 millions d'être touché par la foudre

 1 chance sur 1 milliard d'assister à la chute d'une météorite sur Terre

Les maths en folie, mars 2006

Contrairement à l'histoire des chiffres et du calcul, celle des probabilités est très jeune. Voici un article qui t'apprendra comment tout a débuté.

Pierre de Fermat (1601-1665)

Le savais-tu ?

Avant d'être développée par les scientifiques du 18e et du 19e siècle, la théorie des probabilités fut pensée par deux mathématiciens français, Blaise Pascal et Pierre de Fermat. En 1654, tous deux s'amusèrent à trouver la solution d'un problème qui passionnait les gentilshommes joueurs de dés : comment répartir équitablement la cagnotte lorsqu'une partie de dés s'interrompt soudainement ? Ils testèrent l'ensemble des combinaisons qui auraient pu se présenter si le jeu avait continué. Leurs résultats furent le point de départ de la théorie des probabilités.

Je sais tout, mai 2007

Blaise Pascal (1623-1662)

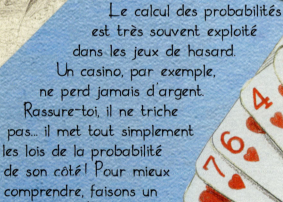

Le calcul des probabilités est très souvent exploité dans les jeux de hasard. Un casino, par exemple, ne perd jamais d'argent. Rassure-toi, il ne triche pas... il met tout simplement les lois de la probabilité de son côté ! Pour mieux comprendre, faisons un jeu, veux-tu ? Imagine que je tiens dans ma main les 13 cartes de la famille des cœurs, et que je te demande d'en choisir une au hasard. Si tu tires l'as, je te donne, disons... 10 jetons ! Si la carte tirée n'est pas l'as, c'est toi qui devras me donner 1 jeton ! Eh bien, si on joue à ce jeu très souvent, je peux t'assurer que je serai toujours le gagnant ! Pourquoi ?

Les probabilités sont essentielles à une autre branche des mathématiques : les statistiques. Cette branche collecte et analyse des données sur un groupe, comme des personnes, des animaux, des plantes ou des planètes. Elle en fait ressortir les caractéristiques importantes pour ensuite faire des prévisions, notamment grâce au calcul des probabilités. Les statistiques nous disent par exemple combien il y a de baleines bleues dans le monde, d'année en année. On pourra ainsi déduire si celles-ci sont ou non en voie de disparition.

Les statistiques existent depuis l'Antiquité. À l'époque, certaines civilisations effectuaient des recensements afin de se renseigner sur l'état de leur puissance... Ça me rappelle que l'année dernière, j'ai participé au recensement. Le gouvernement avait envoyé, à cette occasion, un fascicule pour expliquer l'intérêt d'un tel exercice. Je t'en ai collé un extrait juste dessous.

2006
C'est l'année du recensement !... À quoi ça sert ?

Si vous inscrivez correctement les données qui vous sont demandées, le gouvernement sera en mesure de faire des statistiques sur l'âge moyen de la population, la répartition des sexes, les différentes professions exercées, le type de logement occupé ou le mode de transport employé. À quoi ces statistiques nous serviront-elles ? Grâce à elles, nous pourrons définir les projets qui sont nécessaires à une meilleure qualité de vie, comme la construction d'écoles ou de garderies, de logements ou de transport en commun. Elles permettront aussi de répartir les subventions dans les localités qui en ont le plus besoin.

En répondant correctement à toutes les questions, vous permettez au gouvernement d'améliorer votre quotidien !

Je t'explique. Chaque coup, tu as 1 chance sur 13 d'obtenir l'as. Mais moi, j'ai 12 chances sur 13 que tu te trompes. Tu me suis ? Sur 13 coups, tu gagneras probablement une fois 10 jetons tandis que de mon côté, je recevrai 12 jetons au total (12 x 1 jeton), soit 2 jetons de plus que toi ! Le casino utilise simplement la même stratégie pour s'assurer de ne jamais perdre d'argent... Au fond, si je t'avais proposé 12 jetons chaque fois que tu tirais l'as, nous aurions alors eu tous les deux la chance d'empocher le même gain.

	Toi	Moi
Sur 1 coup	1 chance sur 13 de gagner	12 chances sur 13 de gagner
Sur 13 coups	Probabilité de gagner 1 coup 1 x 10 jetons	Probabilité de gagner 12 coups 12 x 1 jeton

Un monde de formes...

Pose ton album un instant et observe attentivement autour de toi. As-tu remarqué comme les formes qui créent notre monde sont variées ? Voici une photo que j'ai prise au cours d'un de mes voyages au Québec. Regarde-la attentivement... Combien de formes différentes comptes-tu ?

Triangle

Rectangle

Carré

Pour dessiner les formes de manière précise, on doit connaître la longueur de leurs côtés, de leur diamètre ou de leurs angles... Un angle est l'espace compris entre deux lignes qui se coupent. Sa mesure est très utilisée en architecture, en dessin et en astronomie. En Amérique du Nord, par exemple, on indique souvent l'emplacement d'un lieu par rapport à l'angle (ou au croisement) de deux rues... La mesure d'un angle s'exprime en degrés. Pour la mesurer, tu as besoin d'un outil bien précis : le rapporteur. Il se présente généralement sous la forme d'un demi-cercle. Celui-ci indique que l'angle que j'ai dessiné mesure très précisément 63°.

Le cercle est une forme à part... Cette figure a émerveillé les civilisations de l'Antiquité. Elle était pour eux une figure géométrique parfaite ! Toute en rondeur, sans début ni fin... Tu sais, le cercle est intimement lié à un nombre fascinant dont je t'ai parlé à la page 15... Tu te souviens ? C'est exact, mon ami, il s'agit de pi !

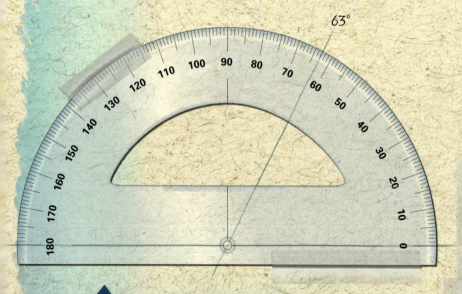

Selon sa mesure, un angle est « aigu », « obtus », « plat » ou « droit ». Le petit schéma ci-dessous te montre ce qu'ils sont.

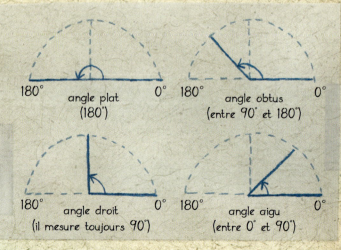

Losange   Parallélogramme   Trapèze

Quadrilatère quelconque

Pentagone (5 côtés égaux)

Hexagone (6 côtés égaux)

Octogone (8 côtés égaux)

Décagone (10 côtés égaux)

L'étude des formes constitue une branche bien connue des mathématiques : la géométrie. Les Égyptiens et les Mésopotamiens (les habitants de l'Irak actuel) utilisaient déjà quelques éléments de la géométrie pour des raisons pratiques... C'est ce que raconte ma chère sœur dans sa lettre... La géométrie scientifique, quant à elle, a débuté un peu plus tard, grâce aux Grecs.

Tétraèdre (4 triangles équilatéraux)

Cube (6 carrés)

Octaèdre (8 triangles équilatéraux)

Dodécaèdre (12 pentagones)

Icosaèdre (20 triangles équilatéraux)

Le Caire, 15 juin 2007

Cher frérot,

Un petit coucou de ce magnifique pays qu'est l'Égypte. Le temps est merveilleux et les gens très accueillants! Tu sais, j'ai appris au cours de ma croisière sur le Nil, que les inondations répétées de ce fleuve étaient sans doute à l'origine de l'invention de la géométrie. En effet, après chaque inondation, les géomètres de l'époque étaient contraints de retracer les limites des terrains. Pour cela, ils utilisaient des cordes pour marquer les angles et les longueurs. Ils déterminaient ensuite la superficie des terrains. Passionnant, n'est-ce pas?

J'arrive à Montréal en septembre. J'ai hâte de te voir et de lire ton nouvel album sur les sciences!

Énormes bises,

Ta grande sœur préférée
xxx

Le Nil est le fleuve qui traverse l'Égypte du Sud au Nord. C'est un des plus longs fleuves du monde!

Les formes dessinées en trois dimensions sont célèbres depuis l'Antiquité car ce sont les seules qui possèdent des côtés, des faces et des angles égaux.

Parmi les savants grecs, nombreux sont ceux qui nous ont laissé un bel héritage géométrique! Connais-tu celui qui a laissé son nom à la géométrie classique? Il s'agit d'Euclide.

Euclide (entre 325 et 265 av. J.C)

Euclide

Euclide est un mathématicien grec qui a écrit une œuvre réunissant 250 années de mathématiques grecques. Dans son traité, *Les Éléments*, il explique notamment de nombreux concepts géométriques qui furent enseignés partout dans le monde pendant plus de 2 000 ans.

Scientifiquement vôtre, avril 2005

Les mathématiques ne se contentent pas d'étudier les formes, tu sais ! Elles mesurent leurs angles, leurs côtés, leur volume ou leur aire. Souvent, on obtient ces mesures grâce à des instruments, comme la règle ou le rapporteur. Mais il arrive parfois que ces derniers ne servent à rien... Imagine un instant qu'il faille mesurer la circonférence de la Terre avec une règle ! Alors, les mathématiciens ont établi des formules pour mesurer des objets qui ne peuvent l'être grâce à des moyens conventionnels. Ils ont, par exemple, créé des formules pour calculer le périmètre (le contour), l'aire (la superficie) et le volume des formes. Grâce à elles, les scientifiques ont pu, par exemple, estimer la taille des planètes du Système solaire et leur distance par rapport à la Terre ou au Soleil ! Génial, n'est-ce pas ?

$c = ?$
$a^2 + b^2 = c^2$
$a = 3$
$b = 4$
$c^2 = 3^2 + 4^2$
$c^2 = 9 + 16$
$c^2 = 25$
$c = \sqrt{25}$
$c = 5$

Mesurer l'aire d'une figure

Même si certaines formules nous paraissent compliquées, elles sont très souvent issues de raisonnements très simples et extrêmement logiques ! Tu doutes encore ? Voici l'exemple d'une formule qui permet de calculer la mesure du côté d'un triangle rectangle lorsqu'on connaît celle des deux autres côtés. Cette formule a été découverte il y a 2 500 ans par le mathématicien grec Pythagore. En construisant un carré sur chaque côté d'un triangle rectangle, ce dernier a remarqué que la surface du grand carré était égale à la somme des surfaces des deux plus petits. C'est comme cela qu'il en a déduit le célèbre théorème qui porte son nom...

Pythagore
(entre environ 580 et 490 av. J.C.)

Le petit carré contient 9 carreaux.

Hypoténuse

Angle droit

Le grand carré compte 25 carreaux.

Le carré moyen renferme 16 carreaux.

Dans un triangle rectangle, le carré de l'hypoténuse (côté opposé à l'angle droit) est égal à la somme des carrés des deux autres côtés.

Mon ami Karl m'a envoyé une illustration qui permet de visualiser cette célèbre formule. Vérifie cette dernière en comptant les carreaux dans l'illustration !

25 (grand carré) = 9 (petit carré) + 16 (carré moyen)
c^2 = a^2 + b^2

La symétrie

La symétrie est une notion géométrique qui signifie qu'une forme possède un reflet par rapport à une droite ou à un point imaginaire. Je te donne un exemple. Observe attentivement la photo du tigre que je t'ai collée ci-contre. As-tu noté comme son côté gauche est étrangement semblable à son côté droit ? On dit que le tigre montre une symétrie par rapport à la droite imaginaire qui passe verticalement au centre de sa tête. Cette droite, les mathématiciens la nomment « axe de symétrie ». Vérifie cette symétrie par toi-même ! Va chercher un miroir de poche et place-le contre cet axe de symétrie. Tu retrouveras alors la tête entière du tigre de la photo.

L'illusion

En manipulant les formes, on peut faire beaucoup de choses ! Les artistes ne s'en privent pas ! Ils se servent par exemple de la géométrie pour donner l'impression que leur dessin n'est pas plat. Ils s'amusent aussi parfois avec nos sens... Regarde le triangle que je t'ai dessiné juste dessous. On a l'impression qu'il est en trois dimensions... Essaye de construire un triangle comme celui-ci ! Tu n'y arriveras jamais car c'est géométriquement impossible... C'est la disposition des ombres sur les côtés qui trompe notre cerveau. C'est ce qu'on appelle une illusion d'optique...

Les formes irrégulières

La mer, le littoral, les flocons de neige, les nuages, le relief montagneux... La nature regorge de structures dont la forme est trop irrégulière pour pouvoir être étudiée par la géométrie classique. Pour les étudier, le Français Benoît Mandelbrot a créé une nouvelle branche des mathématiques : la géométrie fractale.

Benoît Mandelbrot

Benoît MANDELBROT (1924-)

Mathématicien réputé, Benoît Mandelbrot conçoit, dans les années 1970, la géométrie fractale. Cette nouvelle branche des mathématiques a pour objectif d'étudier les objets dont le découpage laisse apparaître des motifs semblables, à des échelles de plus en plus petites (fougère, éponge, flocon de neige...). Les fractales permettent alors de découvrir la structure de nombreux objets naturels. Elles constituent également un modèle pour l'étude de divers phénomènes comme la variation des cours de la bourse ou la répartition des galaxies dans l'Univers.

Inventeurs et inventions, p. 111

Un monde de logique !

Après ces quelques pages sur l'univers des nombres et des formes, il me reste à te parler d'un élément essentiel pour que notre voyage à travers les mathématiques soit complet. As-tu une idée de ce que cela pourrait être ? Il s'agit de la logique, bien sûr ! Sans elle, les mathématiques n'existeraient tout simplement pas... Pourquoi ? Eh bien, parce que c'est grâce à la logique que nous pouvons résoudre un problème mathématique lorsqu'il se présente. En fait, la logique ne fait pas appel à nos connaissances sur les nombres ou les formes. Elle met en œuvre notre capacité de raisonner et de trouver des solutions. Tu sais, la logique est quelque chose de naturel... Comme tout le monde, toi et moi sommes nés logiques !

Résoudre un problème mathématique grâce à la logique, c'est un peu comme mener une enquête, à la manière d'un détective ! J'ai d'ailleurs retrouvé dans ma bibliothèque un livre captivant qui relate les aventures d'un couple de détectives londoniens pour qui l'observation et la déduction sont une véritable passion. Cet extrait illustre très bien le raisonnement logique que doivent suivre les mathématiciens afin de résoudre certains problèmes.

Thalès
(entre environ 625 et 547 av. J.C.)

Le mathématicien grec Thalès a tenu le même raisonnement, il y a plus de 2000 ans. De cette manière, il a calculé la hauteur des pyramides d'Égypte sans jamais être grimpé dessus !

« Voyons si vous êtes bien le scientifique que vous prétendez être ! Trouvez la hauteur de la tour de l'horloge Big Ben sans avoir recours à un instrument de mesure. Si votre résultat me convient, je vous donnerai le code pour ouvrir le coffre-fort. » Jean Kate replia la lettre doucement, méditant déjà un moyen simple de trouver la solution. Nous partîmes rapidement vers cette fameuse tour. Il était près de 15 heures et la journée était belle. Devant Big Ben, Jean Kate réfléchissait, en faisant les cent pas. Tout à coup, il s'arrêta, fixant intensément son ombre. Il regarda celle de la tour et se mit à sourire.
– Fondamental, ma chère miss Stair ! me lança-t-il.
Il me demanda alors de mesurer son ombre avec mes pas. Puis il me pria de faire de même avec l'ombre de la tour. Lorsque j'eus terminé, il m'emmena boire un thé et m'expliqua tranquillement son raisonnement.
– La longueur des ombres est toujours proportionnelle à la hauteur des objets qui les projettent. Je vous ai fait mesurer mon ombre parce que je connais ma taille. Avec cette donnée et la longueur de l'ombre de la tour, je peux déduire la hauteur de Big Ben. D'après les chiffres que vous me rapportez, ma chère miss Stair, je peux d'ailleurs vous affirmer que Big Ben mesure environ 96 mètres de haut !

Le mystère du coffre-fort

Dans un raisonnement logique, il y a quatre étapes à suivre. C'est le chemin qu'a suivi Jean Kate. Tu verras, c'est assez simple !

1. Il y a d'abord l'OBSERVATION.
(Kate a vu la tour, il a noté qu'il faisait beau, il a remarqué son ombre.)

2. Puis l'INTERROGATION.
(Comment trouver la hauteur de la tour sans instruments ?)

3. Viennent la RÉFLEXION et la MISE EN RELATION de ce qui a été observé.
(L'ombre de Kate lui a rappelé qu'une ombre était proportionnelle à la hauteur de l'objet qui la projetait. L'ombre de la tour allait donc lui permettre de résoudre son problème.)

4. Le chemin se termine par la DÉDUCTION de la solution.
(Son ombre mesurait 4 pas alors que sa taille est de 1,80 mètre. L'ombre de Big Ben était de 214 pas. Si 4 pas correspondent à 1,80 mètre alors 214 pas équivalent à ? mètres.
En utilisant une règle de trois, il en a déduit logiquement que sa hauteur était égale à :

$$\frac{214 \times 1,80}{4} = 96,3 \text{ mètres}$$

La logique est très intéressante parce qu'elle permet de résoudre des problèmes beaucoup plus facilement qu'en effectuant de gros calculs ou en testant toutes les possibilités qui existent. Voici un exemple.

LE DAMIER

Imagine un damier auquel il manque les deux cases des coins opposés. Peux-tu couvrir les 98 cases restantes avec 49 dominos qui couvrent deux cases de couleurs différentes en même temps ?

Indice : De quelle couleur sont les cases manquantes ?
Réponse : Non, tu ne peux pas car chaque domino doit couvrir deux cases. Une bleue et une blanche. Or il manque deux cases bleues, il restera donc deux cases blanches qui ne pourront être couvertes.

Jeux logiques, p. 19

Tu aimes ce genre de jeux ? Alors, tourne vite la page. Je t'en propose plusieurs autres très divertissants et qui feront fonctionner tes méninges à plein régime ! Amuse-toi bien... ▶▶▶▶▶

Sudoku, Rubik's cube®, tic-tac-toe... Les jeux logiques ont du succès auprès d'un grand nombre de personnes. Moi aussi, j'y prends beaucoup de plaisir ! Je dédie donc ces deux pages à quelques-uns de ces jeux. Amuse-toi bien et surtout, mon ami, souviens-toi que chacun d'eux utilise la logique... (Les solutions se trouvent à la fin de l'album, à la page 63.)

Le carré latin

Quand nous étions enfants, ma sœur et moi adorions remplir des carrés latins ! Nous faisions même le concours de celui qui le remplirait le plus vite... Les règles sont très simples. Il faut compléter la grille ci-dessous en remplissant cette condition : chaque rangée et chaque colonne doit contenir les chiffres de 1 à 5.

Bonne chance !

	5	2		
1			2	4
		1		
			1	3
	2	4		3

La grille logique

Voici une autre grille logique. Celle-ci ne se remplit pas à force d'additions et de soustractions mais grâce à des indices ! Ces derniers te permettent de déduire où placer des lettres. Je te donne un exemple. Voici six indices.

A est dans un coin.   D touche A.
B est entre D et F.   E est en haut à gauche.
C touche F.   F est à gauche.

Grâce à ces indices, après réflexion et déduction, tu peux placer les lettres au bon endroit dans la grille, comme je l'ai fait.

E	C	A
F	B	D

À toi, maintenant. Mais avant que tu te lances dans cette grille, voici quelques tout petits conseils. Fais très attention aux détails, vérifie à chaque fois si ta solution fonctionne. Si tu as un doute ou que tu hésites entre deux solutions, tu peux noter ces solutions en petit, dans un coin de la case que tu supposes être juste.

Indices :
A n'est pas dans un coin.
B est sous I.
C touche F.
D est en bas, mais il n'est pas dans un coin.
E touche A.
F ne touche pas G.
G est à droite de D, sur la même horizontale.
H est entre D et C.
I est à droite.

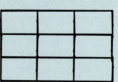

Les 4 énigmes

J'ai un gros faible pour les énigmes mathématiques. Elles ont souvent l'air très difficiles, mais lorsqu'on trouve la réponse, on s'aperçoit que la solution est essentiellement logique. En voici quelques-unes. Mais attention, mon ami! Je t'ai prévu quelques pièges...

DIX = 509

Comment est-ce possible ?

Certains mois possèdent 30 jours, d'autres 31. Mais combien y en a-t-il qui ont 28 jours ?

Tu es capitaine d'un petit bateau qui emmène les gens visiter le fleuve Saint-Laurent en plusieurs étapes. Au départ, 12 voyageurs embarquent sur le bateau. Au premier arrêt, 3 passagers descendent tandis que 5 montent à bord. À la seconde étape, 20 nouveaux passagers s'ajoutent et 7 quittent. À la troisième, 15 débarquent et 6 rejoignent le groupe. Sachant qu'au terme de cette promenade, tout le monde descend du bateau, et sachant que le bateau pèse 2,5 tonnes, quel est l'âge du capitaine ?

En voici une tirée de mon magazine préféré. Elle est peut-être un peu plus difficile, mais très logique...

MAIS OÙ SE CACHE LE DOLLAR MANQUANT ?

Trois amis se rendent à l'hôtel pour louer une chambre. L'hôtelier leur demande 30 $. Ils partagent la note et paient chacun 10 $. Peu après, l'hôtelier décide de leur accorder un rabais de 5 $ et il demande à un employé d'aller leur remettre cette somme. Ne sachant comment partager 5 $ entre 3 personnes, l'employé décide de garder 2 $ de pourboire et de donner 1 $ à chacun des 3 clients. Sachant que chaque client a réellement payé 9 $ pour sa chambre, observe le calcul suivant :

Montant payé pour la chambre : 9 $ x 3 = 27 $
Pourboire conservé par l'employé : 2 $
Total : 29 $

Mais où est donc passé l'autre dollar ?

La logique en folie, février 2007

Avec ces jeux, mon ami, je clos ce beau voyage à travers l'univers magique des mathématiques. Sache tout de même que la logique est aussi un élément essentiel dans les autres domaines de la science. Les chimistes ont inventé un tableau logique pour classer les différents éléments qui composent la matière... Tu veux en savoir plus ? Alors lis les prochaines pages sur la chimie, jeune curieux !

Il était une fois la chimie

Lorsque j'étais enfant, j'aimais imaginer les chimistes dans leur laboratoire... Je les voyais manipulant des tubes remplis de gaz explosifs ou composant des mixtures verdâtres aux odeurs bizarres... Très vite, mon père m'avait expliqué que les chimistes n'étaient pas des apprentis sorciers... même si leurs ancêtres étaient presque considérés comme tels ! Je t'explique. L'alchimie, l'ancêtre de la chimie, serait née au cours de l'Antiquité, notamment dans les civilisations grecques et chinoises. Les savants de l'époque cherchaient alors à comprendre comment étaient fabriqués certains matériaux. Pour cela, ils s'appuyaient sur des observations scientifiques, mais aussi sur des croyances magiques ! Un de leurs buts était de découvrir une matière qu'ils nommaient « la pierre philosophale ». Ils étaient persuadés qu'elle leur permettrait de devenir immortels... Tu peux lire l'article de la chronique « Incroyable mais vrai » qui t'en apprendra un peu plus sur ces premiers chimistes.

CONCOURS
LA CHIMIE EN FOLIE

La chimie ne se fait pas que dans les laboratoires, les amis ! Elle se fait aussi au quotidien, sans que l'on s'en aperçoive... Trouvez où se cache la chimie de tous les jours ! Voici quelques exemples pour vous inspirer :
- le savon qui mousse
- le sucre qui fond dans un liquide chaud
- le clou qui rouille
- l'allumette qui s'enflamme lorsqu'on la frotte contre une surface rugueuse

À vous de jouer maintenant !

Premier prix
un jeu « Le petit chimiste »
Deuxième prix
une visite dans un laboratoire de chimie
Troisième prix
un abonnement au magazine « La chimie en folie »

La chimie en folie, mai 2006

Incroyable mais vrai !
par C. Surprenant

Transformer du plomb... en or !

Pendant l'Antiquité et le Moyen-Âge, les alchimistes étaient convaincus qu'ils pourraient transformer n'importe quelle matière en une autre. Ainsi, durant des années, ils ont tenté de transformer le plomb en or ! Sans jamais réussir, bien sûr... En menant leur quête désespérée, ces savants un peu fous ont tout de même développé de nombreuses méthodes de travail qui ont, plus tard, profité à la chimie. Par exemple, le procédé de distillation (qui consiste à séparer les différents composants d'un mélange en les faisant bouillir) a été inventé par les alchimistes et a longtemps été utilisé par les chimistes pour fabriquer des huiles et des parfums.

Scientifiquement vôtre, juin 2007

Je t'explique le procédé de la distillation plus en détail à la page 37.

Les chimistes s'intéressent avant tout à la matière qui compose un corps, qu'il soit vivant (comme les animaux et les végétaux) ou non (comme les métaux, l'eau ou l'air). Les premiers pas de la chimie scientifique débutent au 17e siècle, mais cette science se développe véritablement il y a un peu plus de 200 ans, grâce aux travaux d'un talentueux chimiste : le Français Antoine de Lavoisier. Je te le présente.

Portraits de savants

Antoine de Lavoisier (1743-1794)

Antoine de Lavoisier est un chimiste brillant et rigoureux. Pendant les expériences qu'il mène, il utilise systématiquement sa balance. C'est ainsi qu'il découvre le principe de conservation de la masse. Ses travaux montrent en effet que la masse des composants au début de l'expérience demeure la même que celle des composants produits après la réaction. C'est la loi de la conservation de l'énergie : « Rien ne se perd, rien ne se crée, tout se transforme. » Sa méthode scientifique rigoureuse au cours de ses expériences lui vaudra d'être considéré comme le père de la chimie moderne.

Portraits de savants, p. 98

Grâce à leurs nombreuses connaissances sur la matière et les réactions chimiques, les chimistes améliorent notre quotidien. Ils fabriquent des médicaments, des cosmétiques ou du parfum. Ils peuvent rendre l'eau potable, nettoyer les vêtements (grâce à l'invention du détergent) ou encore, donner du goût à la crème glacée. Les chimistes peuvent même fabriquer des matériaux qui n'existaient pas dans la nature, comme le nylon et le plastique !

Pourquoi le citron est-il acide ? Pourquoi est-ce que le feu brûle ? Qu'est-ce qui est responsable du parfum des fleurs ? Pour répondre à ces questions, il faut d'abord connaître de quoi sont constitués ces différents corps. Il s'agit d'étudier la MATIÈRE, ses minuscules particules, leurs assemblages et leurs propriétés (pages 28 à 34). Ensuite, les chimistes doivent découvrir comment ces particules réagissent entre elles. Que se passe-t-il lorsqu'elles se combinent, se séparent ou s'entrechoquent ? Il s'agit de l'étude des TRANSFORMATIONS physiques et chimiques de la matière (pages 35 à 41).

Ce dont nous sommes faits...

C'est le savant grec Démocrite qui, le premier, a lancé l'idée que toute matière était faite de particules indivisibles (qui ne peuvent être divisées davantage). C'était il y a près de 2500 ans ! Il avait alors nommé ces particules « atomos », ce qui signifie en grec « qui ne se coupe pas ». La théorie de Démocrite n'a pas connu beaucoup de succès, tu sais... À l'époque, les savants (comme Aristote) pensaient plutôt que le monde était constitué de quatre éléments : l'eau, la terre, l'air et le feu... C'est seulement 2000 ans plus tard que les scientifiques reprirent l'idée de Démocrite. Au 19e siècle, le Britannique John Dalton (1766-1844) adopta le terme « atome » pour désigner le plus petit grain de matière. Aujourd'hui, nous savons que tout ce qui nous entoure est composé d'atomes ! Le coussin sur lequel tu es assis, le bureau sur lequel j'écris, la pomme que tu croques, l'air qui nous entoure... Toi et moi sommes aussi constitués d'atomes, tu sais... Difficile à imaginer, n'est-ce pas ?

Tu sais, les atomes sont si petits qu'on pourrait en compter près de deux milliards dans le point final d'une phrase ! Si on grossissait un atome d'hydrogène mille milliards de fois, son noyau mesurerait 1 millimètre tandis qu'il pèserait 1,7 millions de tonnes ! Tu veux connaître ce qu'il y a à l'intérieur d'un atome, jeune curieux ? Eh bien, jette un œil sur l'atome de carbone que je t'ai dessiné !

L'atome est composé de plus de 99 % de VIDE... Si on supprimait le vide de tous les atomes de la Terre, elle mesurerait seulement 150 km de diamètre... Notre chère planète ressemblerait alors à un simple petit astéroïde !

Aujourd'hui, on sait que les atomes ne sont pas des particules indivisibles... Grâce à des appareils ultra-sophistiqués, les scientifiques ont en effet réussi à les diviser en particules encore plus petites !... Ils ont alors découvert les protons, les neutrons puis des particules encore plus petites...

MES RECORDS DE LA SCIENCE
Les plus petites particules de matière

Les électrons et les quarks font partie des particules les plus minuscules connues aujourd'hui. Les quarks forment entre autres les protons et les neutrons. Il en existe six types nommés par des termes anglais : « up » (haut), « down » (bas), « bottom » (beauté), « top » (vérité), « strange » (étrange) et « charm » (charme). Jolis noms, n'est-ce pas ? Un proton est formé de 2 quarks « up » et 1 quark « down ». Un neutron de 2 quarks « down » et 1 quark « up ».

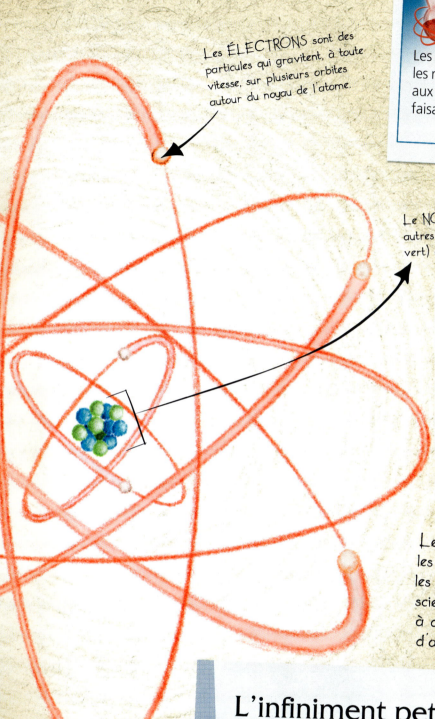

Les ÉLECTRONS sont des particules qui gravitent, à toute vitesse, sur plusieurs orbites autour du noyau de l'atome.

Le NOYAU comprend deux autres particules : les protons (en vert) et les neutrons (en bleu).

Les électrons

Les électrons sont 1 836 fois plus légers que les protons et les neutrons ! Ils possèdent une charge négative. C'est grâce aux électrons que les atomes peuvent interagir entre eux en faisant des réactions chimiques.

La chimie en folie, février 2007

Les protons et les neutrons

Les protons sont des particules de charge positive. Habituellement, dans un atome, il y a autant de protons que d'électrons. Les neutrons, quant à eux, sont des particules non chargées électriquement. On dit qu'ils sont neutres.

La chimie en folie, février 2007

Les atomes sont comme des célébrités qui évitent les photographies des paparazzi : il est difficile de les prendre en photo ! Toutefois, depuis 1982, les scientifiques ont maintenant une bonne idée de ce à quoi ils ressemblent. Pour le savoir, jette un coup d'œil à l'extrait du magazine ci-dessous.

L'infiniment petit à portée de la main

Les chercheurs de la société IBM, Gerd Binnig et Heinrich Rohrer, ont inventé en 1982 un nouveau type de microscope : le microscope à effet tunnel. Ce dernier permet d'observer la structure atomique d'une surface. Cet étonnant microscope est aussi capable de déplacer les atomes... C'est grâce à cet incroyable pouvoir que les chercheurs d'IBM ont pu, cette année, écrire le logo de leur employeur avec 35 atomes de xénon qu'ils ont placés sur une surface de nickel... Félicitations à leur équipe !

Physique 2000, décembre 1990

Les éléments

J'ai l'immense honneur de te présenter la grande famille des atomes : 112 éléments chimiques, dont 90 naturels et 22 fabriqués par les chimistes. Pour des raisons pratiques, les éléments chimiques ont été regroupés à l'intérieur d'un tableau. C'est le scientifique russe Dimitri Mendeleïev qui l'a mis au point en 1869. Les atomes, ou éléments chimiques, y sont classés selon leur nombre de protons et leur masse (celle-ci équivaut à peu près au nombre de protons et de neutrons présents dans le noyau de l'atome). Le scientifique russe a même réussi à y regrouper les éléments qui présentaient les mêmes propriétés chimiques. Brillant, n'est-ce pas ?

NUMÉRO ATOMIQUE. Il s'agit du nombre de protons dans le noyau de l'atome. Rappelle-toi ! Le nombre de protons est souvent le même que celui des électrons qui gravitent autour du noyau de l'atome.

MASSE de l'atome

SYMBOLE CHIMIQUE. Il correspond à l'abréviation du nom de l'élément. Quand la lettre est déjà prise, les chimistes attribuent un autre symbole à l'élément.

NOM de l'élément

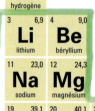

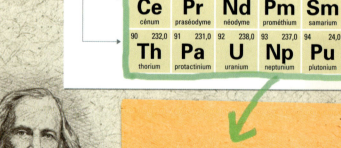

Dimitri Mendeleïev

Mendeleïev a inventé la classification des éléments que tous les chimistes utilisent aujourd'hui. Il a eu l'intelligence de laisser des cases vides lorsque l'écart entre la masse de deux éléments qui se suivaient était trop important. Il avait alors compris que certains éléments n'avaient pas encore été découverts et qu'il fallait leur laisser une place ! Comme les éléments étaient classés selon leurs propriétés chimiques, ces cases manquantes ont, en plus, permis de prévoir les propriétés de ces éléments inconnus…

Scientifiquement vôtre, janvier 2007

Dimitri Mendeleïev (1834-1907)

Plus des trois quarts des éléments chimiques sont des métaux. Ils ont la propriété d'être de bons conducteurs (c'est-à-dire qu'ils véhiculent bien l'électricité et la chaleur).

La chimie dans les laboratoires
par Roxy Jaine

Saviez-vous que l'aluminium était le métal le plus répandu sur la planète ? Il a en plus l'avantage d'être léger. Or il se déforme très facilement, ce qui est peu pratique pour l'utiliser dans des constructions dignes de ce nom… Les chimistes ont alors eu l'idée de le mélanger avec un autre élément (du cuivre, du magnésium ou du silicium). Le résultat est un mélange extrêmement robuste qu'on utilise dans la construction des bateaux et des avions.

La chimie en folie, août 2006

MES RECORDS DE LA SCIENCE
Les plus abondants

Les éléments les plus abondants dans l'Univers sont l'hydrogène et l'hélium. Ce sont aussi les plus simples ! Ils représentent 97 % de la masse des étoiles ! Par contre, les éléments les plus abondants de notre chère planète sont l'azote et l'oxygène dans l'atmosphère tandis qu'il s'agit de l'oxygène, du silicium et de l'aluminium dans la croûte terrestre.

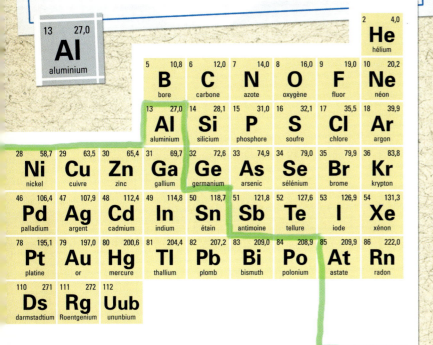

La chimie dans les loisirs
par Roxy Jaine

Savez-vous que le bon vieux crayon de plomb que vous utilisez à l'école est doté d'une mine qui n'est pas en plomb ? Elle est en fait fabriquée en carbone ! Il s'agit d'un élément naturel qu'on retrouve très fréquemment autour de nous sous la forme de graphite (comme dans la mine de crayon), de diamant ou de charbon (pratique pour faire un barbecue !). La mine de votre crayon est donc constituée des mêmes atomes que ceux des diamants !

La chimie en folie, janvier 2007

Le corps humain est une véritable usine chimique, les amis ! Il est composé de nombreux éléments chimiques…

Sur 100 atomes du corps, on trouve :

10 atomes d'hydrogène	essentiels pour fabriquer les substances dont votre corps a besoin (comme les protéines, les hormones, les graisses, etc.).
65 atomes d'oxygène	
18 atomes de carbone	
3 atomes d'azote	
2 atomes de calcium	essentiels pour fortifier les os.
1 atome de phosphore	nécessaire pour la croissance des cellules du cerveau.
De petites quantités de fer, de zinc, de cuivre, de chlore et de magnésium	indispensables pour le bon fonctionnement de votre corps.

La chimie en folie, mai 2007

Les conseils de Chantal Marmiton

Quand vous cuisinez, soyez attentifs à ne pas toucher les poignées métalliques des chaudrons qui chauffent. En effet, à force d'être en contact avec la chaleur, le métal chauffe et pourrait vous brûler ! Utilisez des gants en tissu épais, ils empêcheront la chaleur de vous atteindre…

Un mariage d'atomes

Lorsque nous étions enfants, ma sœur et moi étions inséparables! Les gens disaient souvent que nous avions des «atomes crochus». C'est encore le cas aujourd'hui, tu sais. Sais-tu ce que cela signifiait? Eh bien, tout simplement que nous avions l'air de très bien nous entendre! Cette expression vient du fait que les atomes (les vrais!) restent rarement seuls. Ils «s'accrochent» entre eux pour former, petit à petit, la matière que nous observons autour de nous. Lorsque deux atomes ou plus se lient, ils forment ce que les scientifiques appellent une «molécule». Prenons un exemple. Une molécule d'eau est un mariage entre 2 atomes d'hydrogène (H) et 1 atome d'oxygène (O). Quand tu bois un verre d'eau, tu bois en fait des millions de millions de molécules H_2O! Bizarre, n'est-ce pas?

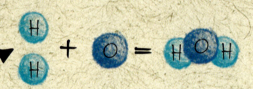

La chimie en folie
par Roxy Jaine

Les molécules sont la source de l'incroyable diversité de la matière qui nous entoure! Pourquoi? Parce que les 112 atomes peuvent s'accrocher entre eux de mille et une manières... Ils forment ainsi des millions de molécules aux formes et aux propriétés différentes! Toutes ces molécules se regroupent ensuite pour former la matière que l'on connaît.

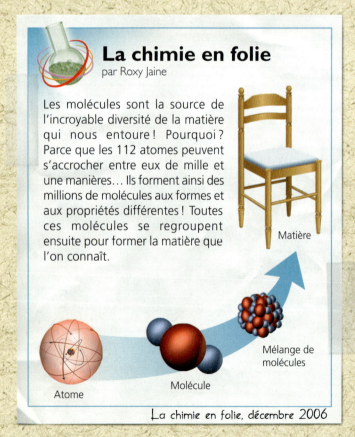

La chimie en folie, décembre 2006

MES RECORDS DE LA SCIENCE

La plus grande

Certaines molécules sont composées de 2 ou 3 atomes, comme l'eau (H_2O) et le sel de table (NaCl). Mais d'autres possèdent plusieurs millions d'atomes! On les appelle des «macromolécules»... L'ADN est une molécule présente dans le noyau de toutes les cellules. Elle est essentielle à toute forme de vie sur Terre. C'est la molécule naturelle la plus grande que l'on connaisse.

Molécule d'ADN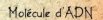

Monsieur le professeur,

Malgré tous mes efforts et ma bonne volonté, je suis perdu face à tous ces composés chimiques aux noms bizarres… Comment puis-je savoir ce qu'est l'« Esprit de Vénus » ou le « Safran de Mars » ? Ils ne reflètent en rien les substances chimiques qu'ils sont censés définir ! De plus, vous le savez vous-même, certains composés portent plusieurs noms différents… Pire ! Plusieurs substances sont parfois désignées par le même nom… Je me propose donc de réfléchir à une façon de nommer les composés chimiques de manière plus scientifique. Qu'en pensez-vous ?

Avec tout mon respect,
Votre dévoué étudiant

« Esprit de Vénus », « Safran de Mars »… Ces noms imprécis sont les anciens noms des composés chimiques. (L'« Esprit de Vénus » est l'ancien nom de l'acide acétique (le vinaigre) et le « Safran de Mars » l'ancien nom de l'oxyde de fer…) Tu sais, ces noms n'ont plus cours depuis qu'une nouvelle méthode a été conçue pour nommer les composés chimiques de façon scientifique et précise. Je me plais d'ailleurs à imaginer que cette lettre, que m'a dénichée mon ami antiquaire Pietro Poussiero, a été écrite par le jeune Lavoisier. En effet, c'est lui qui, aidé de quelques collaborateurs, a proposé en 1787 « La méthode de nomenclature chimique ». Fini les noms poétiques, colorés mais imprécis !… Depuis, un composé chimique ne porte qu'un seul nom ! Ce nom décrit notamment de quoi est composée la substance (par exemple, le « dioxygène » signifie que le gaz est constitué de deux atomes d'oxygène). Voici le portrait d'un autre astucieux chimiste qui compléta cette nomenclature.

Jöns Jacob BERZÉLIUS (1779-1848)

Au début du 19e siècle, le chimiste suédois Berzélius améliora le système de notation des formules chimiques grâce à deux brillantes idées… Premièrement, il utilisa les premières lettres de leur nom pour désigner les atomes. Ensuite, il plaça un nombre devant ce symbole pour indiquer le nombre de molécules et un autre, en indice, pour renseigner sur le nombre d'atomes dans la molécule. Ainsi, $2H_2O$ annonce que nous sommes en présence de 2 molécules et que chacune est composée de 2 atomes d'hydrogène et de 1 atome d'oxygène.

Inventeurs et inventions, p. 16

Les chimistes cherchent aussi à comprendre comment les atomes s'accrochent entre eux pour former une molécule. C'est très important car selon sa forme, la molécule peut avoir des propriétés différentes… Ainsi, un médicament peut perdre son efficacité si sa molécule change de forme. Pour connaître cette forme, les chimistes réalisent souvent de nombreuses expériences compliquées. Mais il arrive parfois qu'ils le découvrent d'une façon un peu spéciale… C'est ce que nous raconte l'article ci-contre.

Le serpent qui donne la réponse

Nous sommes en 1866… Depuis des semaines, le chimiste allemand Friedrich August Kekule (1829-1896) réfléchit sur la molécule de benzène dont il connaît la formule C_6H_6. Il veut absolument comprendre comment s'organisent les atomes de carbone et d'hydrogène entre eux. Mais quoi qu'il fasse, les solutions qu'il trouve ne sont pas satisfaisantes ! Un soir, lassé et prêt à renoncer, il s'endort. Il rêve alors d'un serpent qui se mord la queue. C'est le déclic ! La molécule de benzène est une molécule cyclique ! C'est donc en rêvant que le célèbre chimiste a découvert la première molécule cyclique…

Scientifiquement vôtre, novembre 2005

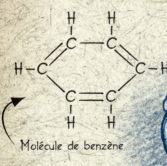

Molécule de benzène

La matière dans tous ses états !

Lève les yeux et regarde bien autour de toi... Tout ce que tu vois existe sous forme liquide ou solide. Mais savais-tu que la majeure partie de la matière qui t'entoure se trouve sous forme de gaz ? Voyons un exemple... Prends un verre vide. Retourne-le et plonge-le dans une bassine d'eau. Ensuite, bascule-le un peu et observe les bulles qui s'en échappent. Ces dernières te montrent que le verre n'était pas vide mais rempli d'air ! Tu vois, mon ami, la plupart des gaz ne se voient pas, contrairement aux solides et aux liquides. Je t'explique pourquoi. Dans un liquide ou un solide, les molécules sont très nombreuses et très rapprochées. C'est pourquoi nous les voyons. Les molécules de gaz, quant à elles, sont trop éloignées les unes des autres pour qu'on puisse les apercevoir... Par contre, on peut les sentir ! Le chlore, par exemple, possède une odeur bien particulière : celle de la piscine. (On utilise le chlore pour tuer les microbes qui sont dans l'eau.)

NOUVEAU !

VOUS AIMEZ LA VIE QUI PÉTILLE ? LES EXPÉRIENCES DIFFÉRENTES ?

TESTEZ ALORS NOTRE NOUVELLE EAU REMPLIE DE BULLES !

PSCHITT ! VOUS NE POURREZ PLUS VOUS EN PASSER...

La matière qui nous entoure peut se trouver sous quatre états : solide, liquide, gazeux et plasma. Tu sais, on trouve rarement de la matière sous forme de plasma sur la Terre. Il y en a un peu dans le feu ou dans les tubes fluorescents, mais la majeure partie se trouve dans l'espace... Les étoiles, comme le Soleil, sont des boules de plasma. Ce dernier, par exemple, est doté d'un cœur de plasma d'hydrogène et d'hélium !

C'est le chimiste britannique, passionné par les gaz, Joseph Priestley (1733-1804) qui a trouvé comment injecter du gaz carbonique dans l'eau, inventant ainsi les premières eaux gazeuses.

La métamorphose de la matière...

Je dois te préciser, jeune curieux, que les molécules qui forment la matière bougent sans arrêt ; elles s'attirent, s'entrechoquent et parfois se séparent. C'est ainsi que la matière se transforme... Je t'emmène visiter l'univers passionnant de ces transformations au fil des prochaines pages. Tu découvriras qu'il existe des réactions dites « physiques », qui n'entraînent pas la formation de nouvelle matière, et des réactions dites « chimiques » qui, au contraire, donnent naissance à de nouvelles substances. Commençons notre voyage par un bref survol du monde des réactions physiques...

Les transformations physiques

As-tu déjà observé de près les flocons de neige ? Ce sont de vrais chefs-d'œuvre de la nature ! La neige est de l'eau liquide (les gouttes d'eau) qui s'est transformée en eau solide (les flocons). Tu sais, ces passages d'un état à un autre sont des transformations physiques très courantes. Tu veux connaître le nom de la transformation d'un solide en liquide ? de celle d'un gaz en liquide ? Alors consulte mon schéma !

Le passage d'un état à un autre dépend de la température. L'eau pure par exemple, est solide en dessous de 0 °C, liquide entre 0 °C et 100 °C et gazeuse au-dessus de 100 °C... Mais attention, mon ami, cette température varie selon les substances ! Jette un coup d'œil à mon tableau, je t'y ai noté quelques exemples.

Matière	Devient liquide au-dessus de...	Devient gazeuse au-dessus de...
Alcool (éthanol)	-117 °C	78 °C
Eau	0 °C	100 °C
Cire (bougie)	55 °C	377 °C
Sel	801 °C	1413 °C
Or	1064 °C	2056 °C
Diamant	3 500 °C	4 827 °C

Bonjour professeur Génius,
J'aimerais savoir pourquoi les avions laissent une traînée blanche derrière eux quand ils volent ?
Merci !
Anne-Laure, 10 ans

Voici un bel exemple de transformation physique, merci Anne-Laure ! Un avion, lorsqu'il vole, consomme du kérosène (l'essence pour un avion). Il libère dans les airs du gaz carbonique et de l'eau. L'eau se trouve à l'état de vapeur dans le réacteur de l'avion (où la température approche 500 °C). À 10 000 mètres d'altitude, la température extérieure est d'environ -40 °C. Quand la vapeur d'eau sort de l'avion, elle passe d'une température très chaude à une température très froide, ce qui provoque sa condensation solide : elle se transforme instantanément en glace ! C'est cette glace qui provoque la traînée blanche qui suit l'avion dans les airs. Intéressant, n'est-ce pas ?

La chimie dans la nature
par Roxy Jaine

Une comète est dotée d'un cœur de glace. Parfois son voyage la porte près du Soleil. Là-bas, les températures auxquelles elle fait face sont très élevées... C'est pourquoi le noyau de glace de la comète fond instantanément et se métamorphose en gaz. Ce passage de l'état solide à gazeux se nomme « sublimation ». C'est cette transformation qui est responsable de la belle queue que traîne la comète derrière elle !

La chimie en folie, décembre 2006

Poursuivons notre voyage parmi les transformations physiques... Dis-moi, mets-tu du sucre dans ton lait ou ton chocolat chaud ? Si c'est le cas, tu provoques une transformation physique chaque matin ! Surpris ? Jette un œil à la chronique de Roxy Jaine et tu comprendras pourquoi.

La chimie dans la cuisine
par Roxy Jaine

En déposant du sucre dans votre bol de chocolat chaud, vous le faites complètement disparaître. Complètement ? En fait, pas vraiment... Le sucre s'est dissous pour former un mélange avec le liquide (ce qui lui donne d'ailleurs son goût sucré...) mais il est toujours là ! Ce mélange est une transformation physique de la matière puisque nous avons toujours affaire aux mêmes molécules : celles du liquide et celles du sucre...

La chimie en folie, janvier 2007

Les mélanges sont partout dans la nature. De l'air que nous respirons aux aliments que nous mangeons, presque tout ce qui nous entoure est un mélange de molécules. Tu sais, il est parfois intéressant de séparer les différents composants de ces mélanges. Les chimistes utilisent, pour cela, différentes techniques basées sur les particularités des transformations physiques. Chacune d'elles est adaptée à la nature des mélanges. Je t'en présente quelques-unes dans ces deux pages.

Voici la technique de l'ÉVAPORATION. On l'utilise notamment lorsqu'on veut séparer un solide soluble (c'est-à-dire qui se dissout dans un liquide) d'un liquide.

Le sel Le Pingouin
Un produit naturel...

Le sel « Le pingouin » est spécialement extrait, pour vous, des mers du Nord. Comme vous le savez, l'eau de mer est un mélange d'eau et de sel. Nous l'isolons dans des cases de faibles profondeurs, aménagées près des côtes : les marais salants. Ensuite, le Soleil fait tout le travail ! Il chauffe l'eau qui s'évapore, faisant ainsi apparaître les cristaux de sel. Nous n'avons plus qu'à le ramasser... Constatez-le par vous-même en visitant nos installations, ce procédé est entièrement naturel !

Une autre technique est celle de la **FILTRATION**. Elle est très utile pour séparer des solides dont un est soluble et les autres non.

Les conseils de Chantal Marmiton

Il arrive parfois que, maladroitement, nous échappions la salière par terre. Une fois ramassé, le sel est plein de verre et de poussière… Vous n'avez plus de sel en réserve et les magasins sont fermés? Pas de soucis! Voici un moyen permettant de récupérer un sel très pur. Assurez-vous toutefois que votre sol ne soit pas recouvert de produits toxiques (détergent, etc…)!

1- Il faut savoir que le sel se dissout dans l'eau mais pas le verre ni la poussière. Mélangez votre sel sale dans de l'eau, seul le sel se dissoudra.

2- Passez ensuite ce mélange liquide dans un filtre en papier (comme celui dont vous vous servez pour faire le café). Celui-ci retiendra la poussière et le verre.

3- Il vous reste ensuite à chauffer à feu doux le liquide filtré. Laissez l'eau s'évaporer, il ne restera que le sel au fond de la casserole. Pour ne pas abîmer celle-ci, surveillez bien cette étape!

La **DISTILLATION** est une technique qui permet de séparer un mélange de liquides qui s'évaporent et se condensent à des températures différentes (rappelle-toi mon tableau à la page 35). On utilise cette technique pour fabriquer du parfum, des alcools forts comme le cognac ou le whisky et aussi pour séparer tous les constituants du pétrole… Cet extrait explique comment. Tu verras, c'est passionnant!

La chimie dans les laboratoires
par Roxy Jaine

Le pétrole est un mélange naturel, sombre et visqueux, duquel les chimistes peuvent tirer toutes sortes de matières intéressantes. Vous devez d'abord savoir qu'en chauffant, le pétrole libère toutes sortes de gaz. Chacun se condense en liquide à une température différente. C'est ce qui permet de séparer les différentes parties du pétrole! Comment font les chimistes? Eh bien, ils chauffent le pétrole brut à près de 400°C. Les gaz libérés sont récupérés dans une tour de distillation. Celle-ci est dotée de plusieurs compartiments qui possèdent chacun une température différente. Les gaz se condensent alors les uns après les autres selon la température de la colonne. C'est ainsi que les chimistes récupèrent du gaz (utile dans les camping-gaz), de l'essence pour voiture, du naphta (pour fabriquer du plastique), du kérosène (l'essence d'avion), du gasoil (l'essence des camions), du fioul (l'essence des bateaux), de l'huile (pour le moteur) et enfin du bitume (utile pour fabriquer les routes). Un vrai coffre aux trésors, n'est-ce pas?

La chimie en folie, juin 2006

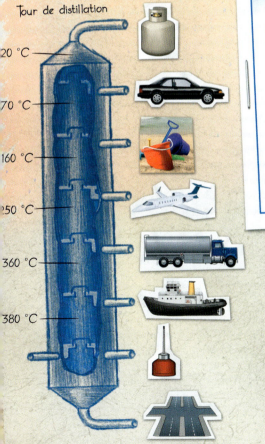

Tour de distillation
- 20 °C
- 70 °C
- 160 °C
- 250 °C
- 360 °C
- 380 °C

Maintenant que tu connais quelques-unes des techniques de séparation des mélanges, voici deux petites devinettes…

SCIENCE

Comment faire pour séparer :
1- le thé et le sucre dans un mélange de thé sucré ?
2- la farine et le sel ?

Réponses :
1- Par la technique de l'évaporation.
2- Lis bien la technique de filtration. Un indice : le sel est soluble dans l'eau et pas la farine….

Les transformations chimiques

Voici maintenant venu le temps d'explorer l'univers merveilleux des réactions CHIMIQUES, celles qui, contrairement aux réactions physiques, donnent naissance à de nouvelles substances ! Lis l'extrait encyclopédique ci-contre, il t'explique simplement comment cette nouvelle matière peut se former.
Je te présenterai ensuite quelques exemples de transformations chimiques qui se produisent dans la nature, les loisirs, la cuisine et même le corps humain !

> Pendant une transformation chimique, certaines molécules se cassent et libèrent les atomes qui les composent. Ces derniers sont alors libres de se réarranger entre eux pour former de nouvelles molécules et donc, une nouvelle substance.

Savais-tu que les flammes sont issues d'une réaction chimique que l'on appelle « combustion » ? Personnellement, j'adore rêvasser près d'un feu en regardant les flammes danser dans la nuit et s'élever vers le ciel ! Leurs mouvements gracieux et leurs couleurs changeantes m'ont toujours envoûté... Tu sais, si nous habitions sur la Lune, il serait tout à fait impossible de profiter de cette beauté brûlante... Pourquoi ? Eh bien, parce que la combustion, c'est la transformation d'un corps en présence d'oxygène. Ici, une bûche de bois brûle et se transforme en cendres grâce à l'oxygène, un gaz présent dans l'air que nous respirons... Or il n'y a pas d'oxygène sur la Lune mon ami ! Rien ne peut donc y brûler...

Mon jeune ami Olivier me donne ici l'occasion de te présenter un autre exemple de réaction chimique qui survient dans la vie quotidienne. Jette donc un coup d'œil à sa brillante question !

> Bonjour monsieur Génius
> J'aimerais savoir pourquoi les clous rouillent quand je les laisse dehors ?
> Merci beaucoup,
> Olivier, 9 ans

Si le clou d'Olivier rouille, c'est parce que le fer qui le compose réagit avec l'oxygène de l'air en présence d'eau. Le fer se transforme alors en un autre composé : la rouille... Voilà pourquoi, si tu fais du bricolage, il faut faire bien attention à mettre les objets en fer (comme tes petits clous) à l'abri de l'humidité.

De nombreuses réactions chimiques se déroulent dans la nature. Certaines font intervenir des produits chimiques qu'on appelle « acides ». Laisse-moi te les présenter brièvement... Tout d'abord, il en existe deux types. Les premiers sont peu dangereux : ce sont les acides faibles. Ces derniers se retrouvent beaucoup dans notre alimentation. On les reconnaît à leur saveur sûre et parce qu'ils nous font cligner des yeux (comme le jus de citron ou le vinaigre). Les seconds sont les acides forts... Ces derniers sont, pour leur part, capables de détruire rapidement tout ce qu'ils touchent comme en témoigne ce cher Aimé Laverdure !

Sache tout de même que les acides forts nous sont très utiles... En voici un très bon exemple.

Stop aux pluies acides !
par Aimé Laverdure

Nos forêts meurent un peu plus chaque jour à cause des pluies acides qui proviennent des régions industrialisées. En effet, les acides qui s'échappent de la fumée des voitures et des usines se dissolvent dans la pluie ou la neige. Ils provoquent de vraies catastrophes ! Les acides brûlent les feuilles et tuent les arbres à petit feu. Sachez qu'ils s'attaquent aussi aux pierres des bâtiments ! Ils empoisonnent les eaux des rivières et des lacs, tuant, petit à petit, les poissons et les plantes qui y poussent... Remuons-nous et militons pour que les rejets des usines et des véhicules soient plus propres !

Pour l'amour des plantes, mai 2007

Ravages des pluies acides sur une forêt

La chimie dans le corps humain
par Roxy Jaine

Notre estomac abrite un liquide extrêmement corrosif !... C'est l'acide chlorhydrique. Il transforme les aliments en substances essentielles pour les cellules, comme les sucres (par exemple le glucose) ou les minéraux (fer, magnésium, calcium, etc.). L'acide chlorhydrique peut brûler fortement la peau et est capable de trouer certaines matières. Heureusement, notre estomac est protégé par une sorte de liquide visqueux qui empêche l'acide de le brûler !

La chimie en folie, janvier 2006

Tous les acides peuvent être neutralisés grâce à des composés chimiques bien particuliers... Ce sont les « bases », comme la soude ou l'ammoniac. Lorsqu'un acide et une base sont en présence dans des proportions précises, ils réagissent ensemble et se transforment en un sel inoffensif ! Par exemple, la réaction chimique entre l'acide chlorhydrique et la soude aboutit à la formation de sel de table et d'eau ! Incroyable, non ? Les bases interviennent aussi dans des réactions chimiques qui ont des applications dans la vie de tous les jours. Je t'en ai collé un exemple ci-contre. Sache toutefois qu'une base isolée est tout aussi dangereuse qu'un acide ! Elle peut, par exemple, te brûler très gravement si elle entre en contact avec ta peau...

RECETTE DE LA FABRICATION DU SAVON

Ingrédients

- huile d'olive (peut être remplacée par de l'huile de palme, d'arachide ou de noix de coco)
- soude
- eau déminéralisée
- à souhait : colorant, parfum, huiles essentielles

Continuons notre périple à travers le monde des réactions chimiques. Tu sais, ces dernières ont aussi de nombreuses applications dans les loisirs. Les feux d'artifice, par exemple, ne sont rien de moins qu'une suite de réactions chimiques ! Voyons avec l'extrait de mon livre « Le comment du pourquoi » comment une petite fusée peut engendrer de si belles explosions de couleurs...

DES FUSÉES ÉBLOUISSANTES

Si on observait l'intérieur d'une fusée de feu d'artifice, on distinguerait deux mélanges. Le premier est un mélange de salpêtre, de soufre et de charbon. Quand on l'enflamme, il se transforme en gaz entraînant ainsi la fusée dans les airs. Le second mélange explose peu après dans le ciel. La couleur de l'explosion dépend de la composition du mélange. S'il contient du potassium, l'explosion sera un feu violet. Mais préparé avec du lithium, le feu d'artifice sera rose, alors qu'avec du strontium il sera rouge, avec du calcium il sera orange, avec du sodium il sera jaune, et avec du magnésium il sera blanc.

Le comment du pourquoi
110

Quand j'étais jeune homme, j'aimais beaucoup prendre des photographies amusantes... Je t'en ai collé une ci-dessous. Devine ce qu'elle représente ! À l'époque, ces photos étaient en noir et blanc... L'extrait de mon magazine « La chimie en folie » t'explique les séries de réactions chimiques qui se cachent derrière ces photos !

La chimie dans les loisirs
par Roxy Jaine

Les photographies traditionnelles, qui utilisent des pellicules, sont le fruit de plusieurs réactions chimiques ! En effet, sur ces pellicules, des sels d'argent sont étalés. Ces derniers sont sensibles à la lumière. Plus ils reçoivent de lumière, plus ils noircissent ! En prenant une photo, on obtient une image « en négatif » (cela signifie que, sur la pellicule, les objets clairs sont noirs et les objets sombres sont blancs). Pour obtenir l'image réelle, il faut développer la pellicule. Pour cela, on projette l'image de la pellicule sur un papier sensible à la lumière. Ce papier est plongé dans deux bains de solution chimique. Le premier révèle l'image en noircissant les endroits du papier qui ont été très éclairés lors de la projection de l'image sur la pellicule. Le second arrête la réaction chimique provoquée par le révélateur. On obtient alors une belle photo !

La chimie en folie, mars 2007

Les photographies couleurs proviennent elles aussi de ces réactions chimiques. Les pellicules qui les immortalisent possèdent simplement plusieurs couches qui se colorent pour former l'image photographiée...

Les chimistes, des inventeurs pleins d'idées...

Nous arrivons au terme de notre aventure au sein de la chimie, mon ami. Sache que grâce à elle, beaucoup d'inventions fleurissent de l'imagination fertile des chimistes ! Ces derniers cherchent à créer des matières moins coûteuses à produire, plus écologiques ou dont les propriétés sont plus avantageuses par rapport à celles des produits naturels... Jette un œil à la publicité d'un produit révolutionnaire créé par les chimistes en 1938 : le nylon.

ESSAYEZ NOS TOUT NOUVEAUX BAS DE NYLON

Spécialement conçu pour vous, mesdames, le nylon est une fibre plus solide que l'acier, aussi fine que les fils d'une toile d'araignée et moins chère que la soie !

Certains plastiques sont naturels, mais la plupart n'existent pas dans la nature, mon ami ! Comme le nylon, ce sont les chimistes qui les ont mis au point à partir du pétrole. Aujourd'hui, on retrouve ces plastiques un peu partout. Ils remplacent souvent les métaux dans les objets du quotidien et même dans les carrosseries des voitures !

Tu sais, il n'y a pas si longtemps, les médicaments n'existaient pas encore. Les gens se tournaient vers la nature pour soigner leurs maladies... Ils faisaient des tisanes de saule blanc pour calmer la douleur ou des pansements de feuilles d'hamamélis pour stopper les saignements et calmer les brûlures. Puis, vers le milieu du 20ᵉ siècle, les chimistes ont commencé à fabriquer des médicaments dans leurs laboratoires...

Les chimistes ont aussi inventé beaucoup de produits de substitution. C'est le cas, par exemple, de la margarine ! Ce produit a vu le jour au 19ᵉ siècle, après que le chef des Français de l'époque, l'empereur Napoléon III, eut lancé un concours pour inventer un produit moins cher que le beurre et qui se conserve plus longtemps. C'est le Français Hippolyte Mège-Mouriés (1817-1880) qui a remporté ce concours en mettant au point la margarine ! Voici les propriétés de certains de ses ingrédients :

La chimie dans les laboratoires
par Roxy Jaine

Les premiers médicaments sont nés dans les laboratoires ! Les chimistes ont d'abord travaillé avec les plantes. Ils y ont prélevé la substance qui soigne (on l'appelle « principe actif ») pour l'introduire dans des comprimés, des gélules ou des capsules. L'aspirine, par exemple, est extraite des feuilles de saule blanc. Aujourd'hui, les chimistes conçoivent de nouveaux médicaments en créant eux-mêmes des molécules capables de guérir la maladie au mieux et avec le moins possible d'effets secondaires.

La chimie en folie, novembre 2006

Huiles hydrogénées : cela signifie que les chimistes ont ajouté des atomes d'hydrogène à l'huile présente dans la margarine. Cela a pour effet de la rendre plus solide et donc de lui donner un aspect approchant celui du beurre. **Anti-oxydants :** ces molécules empêchent l'oxygène de l'air de réagir avec la margarine, évitant ainsi que cette dernière vieillisse trop rapidement. **Émulsifiants :** ces molécules sont dotées de deux extrémités différentes : l'une est attirée par l'eau tandis que l'autre apprécie plutôt l'huile. Par leur entremise, l'eau et l'huile restent mélangées.

Il était une fois la physique

PHYSIQUE (du grec *phusikê* [nature]) : Science qui étudie les phénomènes naturels, de l'infiniment grand à l'infiniment petit.

Comment un oiseau vole-t-il ? Pourquoi y a-t-il des éclairs pendant un orage ? Pourquoi la Terre tourne-t-elle autour du Soleil ? Voilà autant de questions auxquelles la physique tente de répondre. Tu l'as deviné, la physique s'intéresse tout particulièrement à la nature et aux phénomènes qui s'y déroulent. Elle cherche notamment à comprendre comment et pourquoi ils sont provoqués. Les Égyptiens et les Babyloniens de l'Antiquité croyaient que des puissances divines étaient responsables du mouvement des astres dans le ciel. Un événement inattendu, comme le passage d'une comète ou une éclipse, était pour eux une manifestation de la colère des dieux !…

Les Grecs de l'Antiquité sont les premiers à avoir tenté d'expliquer le monde d'une manière scientifique. Je te propose d'ailleurs de faire connaissance avec Archimède, un brillant homme que l'on considère comme le premier « vrai » physicien.

Portraits de savants

Archimède (287 av.J.C - 212 av.J.C)

Archimède est né à Syracuse en Sicile, une île italienne qui était à l'époque une colonie grecque. Ce mathématicien et physicien fut le premier à adopter une approche scientifique des événements en confirmant ou en infirmant ses hypothèses par des expérimentations, des calculs et des analyses. Il est à l'origine de plusieurs théories scientifiques. L'une des plus importantes est le « principe d'Archimède » qui explique, notamment, pourquoi les objets flottent.

Portraits de savants, p. 11

La légende raconte qu'Archimède a découvert son principe d'une façon assez amusante… En entrant dans sa baignoire pleine à ras bord, il aurait remarqué que l'eau débordait, au fur et à mesure que son corps entrait dans l'eau. Il aurait alors compris que la quantité d'eau déplacée avait un rapport avec la taille, le poids et le volume de l'objet immergé. C'est alors qu'il serait sorti de son bain en s'écriant « Eurêka ! », ce qui signifie « J'ai trouvé ! » en grec.

Mon amie Ea Ping est une passionnée d'histoire des sciences. Je lui ai demandé de m'envoyer quelques détails intéressants concernant l'histoire de la physique. Voici sa réponse.

Objet : Histoire de la physique
Date : 15 février 2007
À : professeur Génius

Cher ami,

Les Grecs de l'Antiquité sont les premiers à avoir mis au point des théories physiques très intéressantes et qui sont encore valables aujourd'hui. Toutefois, les physiciens sont d'avis que la physique classique a vu le jour au 16e siècle, grâce aux travaux de l'astronome italien Galilée. Ce brillant homme de science s'est posé de très nombreuses questions sur le mouvement des objets. Il a notamment étudié la chute de boulets de poids différents en les faisant tomber du haut de la tour de Pise! Pour tester ses idées, il élaborait, à chaque fois, de nombreuses expériences… À partir de cette époque, les physiciens ont accordé une place primordiale à l'expérimentation et à la démonstration permettant aux grandes lois de la physique d'être développées. Je détiens quelques livres sur ce sujet. Je vous les mets de côté!

Bien à vous,
Ea Ping
Bibliothécaire

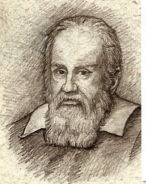

Galilée
(1594-1642)

La tour de Pise, en Italie

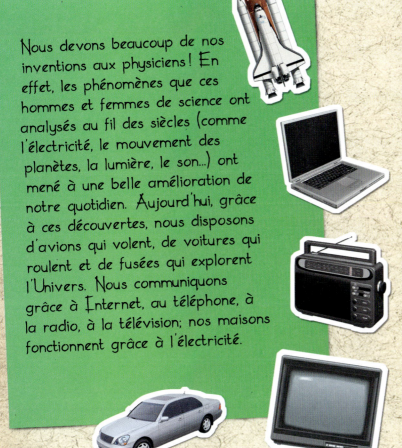

Nous devons beaucoup de nos inventions aux physiciens! En effet, les phénomènes que ces hommes et femmes de science ont analysés au fil des siècles (comme l'électricité, le mouvement des planètes, la lumière, le son…) ont mené à une belle amélioration de notre quotidien. Aujourd'hui, grâce à ces découvertes, nous disposons d'avions qui volent, de voitures qui roulent et de fusées qui explorent l'Univers. Nous communiquons grâce à Internet, au téléphone, à la radio, à la télévision; nos maisons fonctionnent grâce à l'électricité.

Alors, mon ami, es-tu prêt à parcourir le monde fascinant de la physique? Celle-ci s'intéresse avant tout aux diverses formes de forces et d'ÉNERGIES qui font tourner l'Univers (pages 46 à 55). Elle explore aussi l'INFINIMENT GRAND (pages 56 et 57) et l'INFINIMENT PETIT (pages 58 et 59), en examinant attentivement les plus grosses galaxies mais aussi les plus petites particules de matière grâce à des instruments particulièrement perfectionnés… Mais intéressons-nous tout d'abord aux MOUVEMENTS des objets (pages 44 et 45). En effet, ce sont ces déplacements qui furent à l'origine des premières interrogations des physiciens et dont l'étude mena, petit à petit, à la découverte des autres domaines de la physique…

Un monde en mouvement...

Pousser, tirer, lever, écraser... Toutes ces actions sont des forces que nous exerçons sur les objets pour les mettre en mouvement, les arrêter, les tordre ou les faire changer de direction. L'Univers abrite des forces naturelles bien plus grandes encore ! Ce sont notamment les forces électromagnétiques, les forces nucléaires (qui maintiennent l'unité de l'atome) et la gravité. Tu sais, elles sont capables d'influencer les astres les plus éloignés ou les plus minuscules particules de matière ! Je ne peux malheureusement pas te présenter toutes ces forces dans cet album. Laisse-moi tout de même te présenter celle qui me fascine tout particulièrement : la gravité.

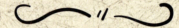

La gravité est la force invisible qui maintient nos pieds collés au sol. C'est elle qui fait tomber les objets. C'est aussi à cause d'elle que la Terre voyage autour du Soleil ou que la Lune orbite autour de la Terre ! Voici un extrait de mon encyclopédie des sciences qui te définit les caractéristiques importantes de la gravité.

La gravité

La gravité est la force d'attraction qui s'exerce entre deux objets, partout dans l'Univers. Tous les objets exercent une force de gravité. Toutefois, plus l'objet est gros, massif et proche, plus celle-ci est intense. Voici un exemple. La masse du Soleil est si importante que sa gravité maintient les planètes du Système solaire à sa proximité et les force à tourner autour de lui... La gravité solaire attire même la planète naine Pluton pourtant éloignée de 5,9 milliards de kilomètres ! De même, les objets sur la Terre sont systématiquement attirés vers son centre à cause de la gravité terrestre. C'est cette dernière qui les rend pesants.

Encyclopédie des sciences, p. 51

Pourquoi les astronautes flottent-ils dans leur vaisseau en orbite ? Tout simplement parce que, sous l'effet de la gravité, le vaisseau spatial chute vers la Terre et que l'astronaute tombe en même temps que celui-ci ! Je t'explique. Imagine que tu te trouves dans un ascenseur au 50e étage. Si par malheur, celui-ci se détachait et tombait, eh bien, tu chuterais à la même vitesse que lui ! Alors, tu flotterais... C'est la même chose pour l'astronaute. Rassure-toi, il ne s'écrasera pas sur le sol parce que la vitesse du vaisseau compense la chute, ce qui permet à tous deux de rester en orbite !

La gravité a été définie vers le milieu du 17e siècle par un brillant homme, Sir Isaac Newton. Ce dernier a, en plus, établi trois lois sur le mouvement des objets qui furent, jusqu'au début du 20e siècle, la référence pour les physiciens du monde entier. Voici le portrait de ce génie...

Cher professeur,

Je demeure au Nouveau-Brunswick, près de la baie de Fundy. Ici, nous avons les plus grandes marées du monde. Voici des photos des rochers Hopewell à marée basse et à marée haute. C'est moi qui les ai prises. Je sais bien que les marées sont causées par la Lune (c'est ma grande sœur Sarah qui me l'a dit), mais je ne comprends pas comment elle fait (la Lune, je veux dire).

Marie-Pier, 9 ans

Tu le sais maintenant, la gravité varie selon la masse des objets. Celle de la Lune, par exemple, est moins intense que celle de la Terre puisque la Lune est moins massive. Cependant, la gravité lunaire est suffisamment importante pour avoir une influence sur la Terre... Elle attire l'eau des océans vers la Lune, ce qui provoque les marées ! Le renflement d'eau mène à une marée haute. Pendant ce temps, l'eau se retire sur les côtés, entraînant de cette manière une marée basse... Fascinant, n'est-ce pas ? Pour bien comprendre, voici un petit schéma qui t'explique ce phénomène des marées.

Rochers de Hopewell à marée basse

Rochers de Hopewell à marée haute

DEVINETTE

Sur la Lune, la gravité est six fois moins importante que sur la Terre. Tu y pèserais donc six fois moins lourd !

À toi maintenant ! La gravité de Jupiter est environ deux fois et demie plus intense tandis que la gravité de Pluton est 17 fois plus faible que sur Terre. Combien pèserais-tu si tu partais en vacances sur Jupiter ou sur Pluton ?

Réponse : Tu pèserais 2,5 fois plus lourd sur Jupiter et 17 fois moins lourd sur Pluton !

Portraits de savants

Isaac Newton (1642-1727)

Newton est un savant britannique génial qui révolutionna la physique. En 1687, dans son livre *Principes mathématiques de la philosophie naturelle*, il formula les lois sur le mouvement et énonça celle de la gravité. Ces théories expliquèrent, dans la plupart des cas, les mouvements de la matière dans l'Univers.

Portraits de savants, p. 134

Selon la légende, c'est en voyant une pomme tomber d'un pommier que Newton aurait compris qu'il existait une force invisible, la gravité, qui attirait les objets vers le centre de la Terre. Il supposa même que cette force agissait dans l'espace... Brillant, n'est-ce pas ?

Un monde bourré d'énergie…

Ma jeune voisine Sarah sautille et gambade sans arrêt, du matin au soir. Sa mère dit d'elle qu'elle est une véritable boule d'énergie. Et pour cause ! L'énergie est le moteur du mouvement. Elle est au cœur de notre quotidien, dans les gestes les plus simples (lorsque tu frappes un ballon, par exemple). Mais savais-tu que l'énergie se trouve aussi au cœur des phénomènes physiques qui se produisent dans notre Univers ? L'électricité, le magnétisme, la lumière, le son et la chaleur, par exemple, sont des formes d'énergie. Je te les présente au cours des 10 prochaines pages.

ÉNERGIE (du grec *energeia* [force en action]) : Capacité de provoquer une action. Se trouve sous plusieurs formes, notamment électrique, magnétique, sonore ou lumineuse.

L'électricité

L'électricité est une énergie indispensable de nos jours ! Les appareils dont nous nous servons quotidiennement seraient inutilisables sans elle ! Plus de chauffage, de cuisinière, de réfrigérateur, de lumière, de voiture, de télévision… Cette énergie existe naturellement tout autour de nous, tu sais. L'article ci-dessous te présente les particules qui lui donnent naissance.

Tu sais, mon ami, ce sont les électrons qui sont à la base de l'électricité ! Ces minuscules particules font partie intégrante de l'atome. Elles gravitent à toute vitesse autour de son noyau. Mais il arrive parfois que les électrons « sautent » vers un autre atome. C'est ce déplacement qui produit l'électricité !

Les particules d'électricité

Il existe des particules qui contiennent naturellement une petite quantité d'électricité. On dit qu'elles portent une charge électrique. Il existe deux types de charges :
- la charge positive (qui est fréquemment représentée par le signe +), comme celle que portent les protons, présents dans le noyau des atomes.
- la charge négative (couramment illustrée par le signe –), comme celle des électrons.

Deux charges de même signe se repoussent tandis que deux charges de signes opposés s'attirent… C'est ce qui produit l'électricité !

La science, p. 52

Tu veux savoir comment voyage l'électricité ? Alors, lis attentivement l'extrait de mon livre ci-dessous et tu le sauras.

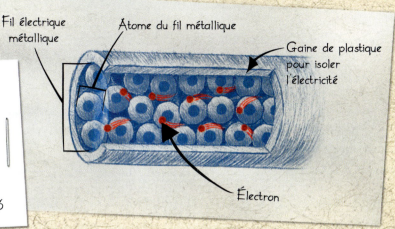

L'électricité qui alimente les différents appareils électriques voyage dans des fils métalliques sous forme de courant. Ce sont les atomes de ce fil qui jouent un rôle dans la mise en route de ce courant. En effet, les électrons bondissent d'un atome à l'autre. Chaque électron bouscule son voisin, entraînant de ce fait la formation d'un flux d'électrons. C'est ce flux qui crée le courant électrique.

Comment ça marche, p. 76

Les nuits d'hiver, quand je réajuste mes couvertures polaires sur mes draps, des dizaines de petites étincelles crépitent autour de moi ! Quand j'étais enfant, ma grand-mère me racontait que c'était les étoiles qui descendaient me dire bonsoir...
Poétique, n'est-ce pas ?
Ces étincelles sont en fait de l'électricité statique. Cette dernière est la première forme d'électricité que les êtres humains ont découverte. L'extrait ci-contre explique précisément ce phénomène. Découvre-le dès maintenant !

Les cheveux dressés sur la tête !

Frottez vos cheveux secs contre un tissu, un peigne, le résultat est garanti : ils se dresseront sur votre tête ! Ce phénomène est dû à l'électricité statique. En frottant le peigne contre les cheveux, vous arrachez les électrons des atomes du peigne. Ces derniers se retrouvent dans les atomes des cheveux. Par conséquent, le peigne devient positif (puisqu'il a perdu des électrons chargés négativement) tandis que les cheveux deviennent négatifs (puisqu'ils récupèrent les électrons négatifs). Or il faut savoir que des charges opposées (+ et -) s'attirent. Le peigne attire donc les cheveux. C'est ainsi que se manifeste l'électricité statique !

Scientifiquement vôtre, juin 2007

Monsieur Génius,
mon grand frère dit que quand il y a de la foudre, c'est que Dieu n'est pas content, est-ce que c'est vrai ?
Merci,
Franklin

Les hommes et les femmes ont souvent pensé que la foudre était due à la colère des dieux. Rassure-toi, on sait aujourd'hui qu'elle est simplement une manifestation de l'électricité statique ! En effet, les gouttelettes d'eau qui sont dans les nuages se frottent les unes contre les autres. Elles se chargent donc d'électricité. L'éclair que nous voyons lors des orages est en fait une gigantesque étincelle qui libère l'électricité statique du nuage. C'est Benjamin Franklin qui a découvert la véritable nature de l'éclair. C'est d'ailleurs lui qui a inventé le paratonnerre afin de nous protéger de ces dangereux éclairs !

Tu veux savoir comment on peut produire de l'électricité ? Alors tourne vite la page !

Même si l'électricité existe déjà dans la nature, nous avons besoin d'en produire pour répondre à nos besoins quotidiens. Mais avant de te révéler les secrets de sa fabrication, je dois te présenter une force essentielle pour cette production. Voici le magnétisme...

Le magnétisme

Le magnétisme est la force invisible qu'exerce un aimant. Tu le sais peut-être déjà, un aimant est un corps qui attire à lui les objets fabriqués de fer et de quelques autres métaux comme le cobalt et le nickel. Chacune des extrémités d'un aimant correspond à un "pôle". L'une est le pôle nord, l'autre est le pôle sud. Ce sont les parties où la force magnétique est la plus forte ! L'extrait ci-dessous te présente quelques-unes des propriétés des aimants.

Amuse-toi avec les aimants ! Prends-en deux (comme ceux qui sont collés sur la porte du réfrigérateur) et essaie de les rapprocher... Si tu sens qu'ils se repoussent, c'est que tu présentes deux pôles identiques face à face. Retourne alors un des aimants. Tu verras qu'ils cherchent immédiatement à se coller !

Attirance et répulsion

Lorsque deux aimants se trouvent face à face, ils réagissent toujours de la même manière. Si les deux pôles vis-à-vis sont identiques (comme deux sud ou deux nord), ils se repoussent. Par contre, s'ils sont opposés (un pôle nord face à un sud), ils s'attirent. Les aimants existent sous différentes formes ! Voici les plus courantes...

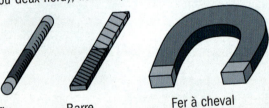
Tige   Barre   Fer à cheval

Anneau

Bouton

La physique, c'est élémentaire, p. 5

Les scientifiques ont commencé à s'intéresser au phénomène du magnétisme vers le 17e siècle. Toutefois, il semble que le pouvoir des aimants était déjà connu il y a environ 4 000 ans. D'ailleurs, de nombreuses légendes circulent à ce sujet. En voici une très amusante que me relate mon ami Paul Sudde qui est professeur de physique au collège Saint-Aimand...

```
Objet : Découverte des aimants - Légende
Date : 15 août 2007
À : professeur Génius
```

Cher ami,
Je suis très heureux d'apporter ma petite contribution à votre prochain album sur la science ! On raconte que ce sont les Grecs de l'Antiquité qui auraient découvert les aimants. Ils auraient trouvé dans la ville de Magnesia, dans l'Est de la Grèce, des pierres curieuses qui attiraient le fer. Ces mystérieux minéraux furent nommés « pierre d'aimant » ou « magnétite ». Les légendes grecques racontent même que les montagnes de Magnésie dégageaient une telle force qu'elles arrachaient les clous de fer des navires qui naviguaient à proximité !

À très bientôt,
Paul Sudde

Maintenant que tu connais le magnétisme, revenons à la production de l'électricité...
Tout d'abord, il faut que je te précise que l'électricité et le magnétisme sont tous deux étroitement liés. En effet, lorsqu'un courant électrique traverse un fil, il génère du magnétisme. Pareillement, lorsqu'un aimant se déplace près d'un circuit électrique, il engendre un courant. On appelle ce phénomène l'INDUCTION ÉLECTROMAGNÉTIQUE ! Et tu sais quoi, mon ami ? Eh bien, la presque totalité de l'électricité est aujourd'hui produite grâce à ce phénomène. Lis attentivement l'extrait de mon livre ci-contre et tu comprendras comment.

Comment produit-on de l'électricité ?

L'électricité que nous consommons est produite grâce à des aimants... Le principe est simple : le mouvement d'un aimant à proximité de fils électriques induit un courant dans ces fils. La plupart du temps, ce mouvement est entraîné par la rotation d'une roue, elle-même provoquée par un élément extérieur comme l'eau ou le vent. Prenons l'exemple de la dynamo d'une bicyclette. Il s'agit d'un petit appareil qui fournit l'électricité au phare du vélo. Lorsque la roue du vélo tourne, elle fait rouler la petite roue de la dynamo qui touche le pneu. Ce faisant, elle entraîne la rotation de l'aimant placé au centre d'une bobine. Une bobine est constituée d'un fil électrique enroulé autour d'un morceau de fer (cela permet de produire de l'électricité plus efficacement). Le mouvement de l'aimant engendre un courant électrique dans le fil de la bobine, ce qui fait briller l'ampoule du vélo.

Comment ça marche, p. 77

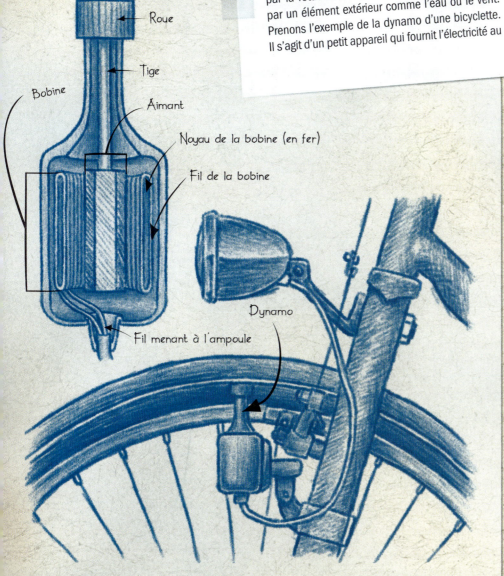

Roue
Tige
Bobine
Aimant
Noyau de la bobine (en fer)
Fil de la bobine
Dynamo
Fil menant à l'ampoule

Les centrales hydroélectriques et les éoliennes produisent de l'électricité en suivant exactement ce principe ! Mais c'est l'eau (dans le cas des centrales hydroélectriques) ou le vent (dans le cas des éoliennes) qui entraînent le mouvement de l'aimant...

On peut aussi fabriquer de l'électricité à partir de réactions chimiques (elles produisent un flux d'électrons et de ce fait, un courant électrique). C'est le cas des piles que tu mets dans ta lampe de poche qui sont remplies de composés chimiques... La lumière solaire, elle aussi, peut être convertie en électricité grâce aux panneaux solaires !

La lumière

La lumière est une autre forme d'énergie sans laquelle nous ne pourrions vivre ! Nous avons besoin d'elle pour voir, les plantes en ont besoin pour croître... La lumière est une énergie très spéciale, qui existe à la fois sous la forme d'un flot de minuscules particules qu'on appelle "photons" et sous la forme d'une onde ! Surprenant, n'est-ce pas ? Voyons d'abord ce qu'est une onde, veux-tu ? Ensuite, tu pourras jeter un œil à l'extrait de mon encyclopédie des sciences qui te présente ce que sont les photons.

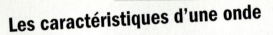

Les caractéristiques d'une onde

Lancez un caillou dans l'eau et vous remarquerez que de nombreuses vaguelettes se forment autour de l'endroit où ce dernier a plongé... Une onde est à l'image de ces vaguelettes ! Elle présente des creux et des crêtes (parties hautes). Elle est caractérisée par sa **longueur d'onde**, représentée par la distance entre deux crêtes, par sa **fréquence**, qui indique le nombre d'ondulations par seconde, et par son **amplitude**, qui désigne la « hauteur » de l'onde.

La physique, c'est élémentaire !, p. 42

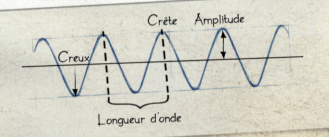

Les photons, grains de lumière…

Les photons sont les particules de lumière, infiniment petites. Il en existe des milliards dans chaque rayon de lumière ! Les photons sont en fait un paquet d'énergie émis par les atomes. Ils se déplacent en suivant une onde.

Encyclopédie des sciences, p. 84

Voici maintenant quelques propriétés importantes de cette fabuleuse énergie. Tout d'abord, la lumière est produite par des corps très chauds, comme le Soleil, le feu ou les ampoules. Elle se déplace aussi à une vitesse défiant toute concurrence ! À ce sujet, je te laisse lire « Mes records »... Au fait, il faut que je te précise que la lumière voyage aussi dans le vide ! C'est la raison pour laquelle nous pouvons admirer la lumière des étoiles ! Ces dernières sont si éloignées de la Terre (souvent plusieurs milliards de kilomètres !) que leur lumière voyage dans l'espace pendant plusieurs milliers d'années avant de nous atteindre. La lumière des étoiles que nous admirons dans le ciel est alors vieille d'autant d'années ! Bizarre, non ?

MES RECORDS DE LA SCIENCE

La plus rapide…

La lumière se déplace extrêmement rapidement ! Elle atteint près de 300 000 kilomètres par seconde dans le vide... Cela signifie qu'en une seconde, elle peut faire sept fois et demie le tour de la Terre ! Impressionnant, n'est-ce pas ? On ne connaît d'ailleurs pas de vitesse plus rapide dans tout l'Univers...

La lumière voyage en ligne droite. Lorsqu'elle rencontre un obstacle, soit elle rebondit sur lui (c'est la réflexion), soit elle pénètre à l'intérieur et change de direction (c'est la réfraction). Voici quelques exemples pour illustrer l'une et l'autre.

La RÉFLEXION est un phénomène essentiel à notre vision ! Pourquoi ? Eh bien, parce que ce que tes yeux perçoivent, ce sont en fait les rayons lumineux qui sont réfléchis (qui rebondissent, si tu préfères) par les objets. Tu sais, de nombreux instruments utilisent la réflexion pour observer le monde. Prends le périscope, par exemple ! Cet appareil est indispensable aux sous-marins pour savoir ce qui se passe au-dessus d'eux lorsqu'ils sont sous l'eau... Enfant, je me suis toujours demandé comment on arrivait à voir quelque chose dans ce tube tout tordu ! Toi aussi ? Alors jette un œil à mon schéma et tu comprendras tout !

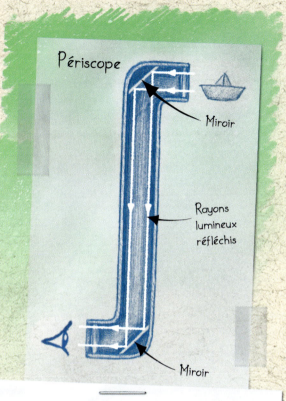

Les rayons lumineux qui proviennent des objets se reflètent sur le premier miroir. Celui-ci les renvoie vers le second qui réfléchit ensuite les rayons vers l'observateur. Ce dernier peut alors apercevoir l'objet reflété !

La RÉFRACTION se produit lorsqu'un rayon lumineux pénètre dans un milieu différent et change de vitesse. De ce fait, la lumière change de direction. L'extrait ci-dessous te montre comme cette propriété est pratique !

Incroyable mais vrai !
par C. Surprenant

Agrandir et rétrécir le monde...

La réfraction est un phénomène étudié depuis 1621. Depuis, les physiciens ont utilisé la déviation de la lumière avec profit... Ils ont fait passer la lumière à travers des morceaux de verre ou de plastique, les lentilles. Selon leurs formes, celles-ci agrandissaient ou rétrécissaient les objets en déviant les rayons lumineux. C'est ainsi que la loupe, les lunettes puis les microscopes et les télescopes sont nés.

Scientifiquement vôtre, septembre 2006

En construisant une lunette astronomique, le physicien Isaac Newton s'est rendu compte que les lentilles qu'il utilisait projetaient de la couleur. Cela l'a intrigué, tu l'imagines bien ! Il a donc réfléchi à une expérience... Chez lui, il a percé un petit trou dans les volets qu'il a ensuite fermés. Ainsi, seul un tout petit rai de lumière entrait dans la pièce. Il a fait passer ce faisceau lumineux à l'intérieur d'un morceau de verre transparent (un prisme). Il a alors découvert qu'une multitude de rayons lumineux colorés sortaient du prisme et reproduisaient les couleurs de l'arc-en-ciel ! Rouge, orange, jaune, vert, bleu, indigo, violet... Grâce à Newton, on sait maintenant que la lumière blanche peut en fait être décomposée en toute une gamme de couleurs !

Le son

Tends bien l'oreille, mon ami... Qu'entends-tu? Peut-être le bourdonnement d'un insecte, le tic-tac de l'horloge, le ronronnement du réfrigérateur ou ta propre respiration... Les sons sont extraordinairement présents dans nos vies et c'est très bien ainsi! Ils nous permettent de communiquer, de nous divertir et nous protègent en nous informant des dangers (comme l'approche d'une voiture, par exemple). Savais-tu que l'oreille humaine peut détecter près de 400 000 sons différents? Impressionnant, n'est-ce pas? Voici donc un petit panorama des caractéristiques de cette énergie sonore.

Les sons font vibrer l'air qui nous entoure. Ces vibrations voyagent sous forme d'ondes. (Tu peux retourner à la page 50 si tu veux revoir ce qu'est une onde!) Les ondes sonores sont captées par l'oreille et sont ensuite interprétées par le cerveau! Jette un coup d'œil à l'extrait ci-contre. Il précise comment les ondes peuvent nous faire entendre toute une panoplie de sons...

Aigus ou graves?

Le son est caractérisé par sa **longueur d'onde,** c'est-à-dire par la distance entre deux crêtes de l'onde sonore. C'est cette longueur d'onde qui détermine la nature du son qui sera détecté par l'oreille. Ainsi, plus la longueur d'onde est courte, plus sa fréquence est élevée et plus le son est aigu. Inversement, plus la longueur d'onde est longue, plus sa fréquence est basse et plus le son est grave.

La physique, c'est élémentaire!, p. 30

Longueur d'onde

Longueur d'onde

Plus la longueur d'onde est courte, plus le son est aigu.

Plus la longueur d'onde est longue, plus le son est grave.

LE CINÉMA DE L'ESPACE EST TROMPEUR!

Lorsqu'ils mettent en scène des explosions spatiales retentissantes, les créateurs de films de science-fiction contreviennent souvent à une loi élémentaire de la physique. En effet, contrairement à la lumière, les ondes sonores ne peuvent se déplacer dans le vide. Elles se propagent uniquement dans les solides, les liquides ou les gaz (comme l'air). Avis aux producteurs d'Hollywood : dans l'espace, il n'y a que du vide, il n'y a donc pas de son ! Toute explosion y serait donc... silencieuse.

La science aux jeunes, mars 2007

Bonjour prof!
J'aimerais savoir pourquoi, quand il y a de l'orage, on voit d'abord l'éclair et qu'après seulement on entend le tonnerre? Pourquoi pas les deux en même temps?

Merci pour votre réponse,
Roxane, 8 ans

Le son se déplace dans l'air à environ 340 mètres par seconde! Cela signifie qu'il met environ 3 secondes pour parcourir 1 kilomètre. C'est beaucoup plus lent que la vitesse de la lumière! (Rappelle-toi qu'elle parcourt presque 300 000 kilomètres en une seule seconde!) Le son te parvient donc moins rapidement que la lumière. C'est la raison pour laquelle, comme Roxane, tu entends le fracas du tonnerre après avoir vu son éclair...

Vous voulez savoir à quelle distance se situe un orage? Rien de plus facile! Comptez les secondes entre le moment où vous voyez la lumière de l'éclair et celui où vous entendez le son du tonnerre! Comme le son parcourt 1 kilomètre en 3 secondes, vous devrez diviser le nombre de secondes comptées par 3, pour connaître la distance à laquelle se trouve l'orage en kilomètres!

La physique en folie, novembre 2006

Lorsque nous étions jeunes, ma sœur et moi allions souvent en vacances à la montagne. Nous prenions alors plaisir à chanter et à crier pour entendre l'écho de nos voix. Tu sais ce qu'est l'écho? Il s'agit d'ondes sonores qui ont été réfléchies après avoir frappé une surface (des montagnes, par exemple). Certains animaux font bon usage de la réflexion sonore, tu sais. C'est le cas notamment des chauves-souris. Mon extrait ci-dessous te raconte comment.

L'orientation par l'écho

Les chauves-souris s'orientent et chassent grâce à l'écholocation. Ce phénomène consiste à émettre des ultrasons (des sons très aigus que l'oreille humaine ne peut entendre) et à recevoir leur écho. La vitesse à laquelle parvient l'écho renseigne sur la distance à laquelle se trouve un obstacle ou un objet. Les chauves-souris peuvent ainsi localiser les murs des cavernes ou les proies qui se trouvent à proximité.

La science, p. 142

Incroyable mais vrai!
par C. Surprenant

Le pouvoir du son

Les sons qui se propagent dans l'air sont en partie réfléchis ou absorbés par les obstacles qu'ils rencontrent. Le verre, par exemple, réfléchit une grande part des ondes sonores, mais en absorbe aussi une petite partie. Il faut vous dire que, même si nous ne le voyons et ne le sentons pas, les atomes du verre (comme ceux de n'importe quelle autre matière) vibrent à une certaine fréquence. Si l'onde sonore absorbée par le verre vibre à la même fréquence, elle amplifie alors la vibration des atomes. Si cette onde sonore se prolonge, ces derniers bougeront si longtemps que... clac! Ils finiront par se séparer et le verre se brisera. C'est le phénomène de la résonance...

Scientifiquement vôtre, juillet 2007

La chaleur

La chaleur est essentielle à la vie. Le Soleil en est notre principale source. Sans lui, notre chère planète serait glacée et ne pourrait accueillir aucune forme de vie ! Voici un bref aperçu de cette formidable énergie...

Même si nous n'en avons pas conscience, les molécules qui composent la matière bougent constamment ! Ces mouvements produisent de l'énergie sous forme de chaleur. Tu dois savoir que plus les molécules s'agitent rapidement, plus elles dégagent de la chaleur ! Lis attentivement l'article de mon magazine « La physique en folie », tu en sauras plus sur ce qui fait remuer ces molécules.

Qu'est-ce qui fait la chaleur ?

La chaleur est une énergie qui ne peut être produite que par une autre source d'énergie... La lumière et l'électricité, par exemple, accélèrent le mouvement des molécules et produisent, de ce fait, de la chaleur. De la même manière, les frottements entraînent la formation de chaleur. Chacun en fait l'expérience quand il frotte ses mains l'une contre l'autre pour les réchauffer.

La physique en folie, juillet 2007

La chaleur se propage toujours du plus chaud vers le plus froid. Cette propagation peut se produire de trois manières différentes : par la conduction (qui transporte la chaleur dans les solides), par le rayonnement (qui la véhicule dans le vide) et par la convection (qui la transmet dans les liquides et les gaz). La question de Julie me permet d'aborder la CONDUCTION. Commençons par elle, veux-tu ?

? Professeur,
J'apprends à cuisiner avec ma grand-mère. Elle me dit qu'il vaut mieux utiliser une cuillère de bois plutôt qu'une cuillère de métal pour faire la cuisine. Pourquoi ?
Merci,
Julie, 10 ans et demi

La grand-mère de Julie a tout à fait raison ! Je t'explique pourquoi. Lorsque la cuillère de métal est chauffée, ses molécules se mettent à s'agiter... En s'activant, elles bousculent leurs voisines qui, à leur tour, se mettent en mouvement ! C'est ainsi que la chaleur voyage à travers tous les objets. Certains matériaux conduisent la chaleur mieux que d'autres. C'est le cas du métal qui transmet la chaleur beaucoup plus vite que le bois. Voilà pourquoi, si tu ne veux pas te brûler, il vaut mieux utiliser une cuillère de bois comme le conseille la grand-mère de Julie !

La chaleur voyage aussi grâce au RAYONNEMENT. Cela signifie qu'elle est transportée par une onde. Cette dernière est du même type que celle de la lumière, sauf que nos yeux ne peuvent la percevoir. On les appelle les « infrarouges ». Le Soleil, tout comme le feu, émet des ondes infrarouges. Ces dernières ont la particularité de pouvoir voyager dans le vide. C'est de cette manière que la chaleur du Soleil nous parvient !

Voici un article très intéressant qui te décrit le troisième mode de transport de la chaleur : la CONVECTION.

LA CONVECTION, RESPONSABLE DES COURANTS D'AIR

Dans les liquides et les gaz, la chaleur se transmet essentiellement par convection. Comment ? Lorsque l'air est chauffé (par les rayons du Soleil, par exemple), il devient plus léger. Ce faisant, il s'élève, entraînant la descente de l'air froid qui est plus lourd. Ces mouvements sont appelés « courants de convection ». Les avions-planeurs, les oiseaux et les parapentes utilisent ces courants d'air chaud qui s'élèvent pour voler. Ce phénomène se passe exactement de la même manière dans les liquides !

La science aux jeunes, avril 2007

La chaleur se mesure grâce à la température. Pour cela, on utilise un instrument que tu connais bien : le thermomètre. Il en existe de nombreux types. Certains contiennent du liquide, d'autres, des gaz. D'autres encore fonctionnent avec des composés électroniques qui sont sensibles à la chaleur. Jette un œil à l'extrait ci-dessous. Il explique comment fonctionne un thermomètre à liquide.

Comment fonctionne un thermomètre ?

Dans l'embout du tube d'un thermomètre, se trouve une cuvette remplie, la plupart du temps, d'alcool coloré ou de mercure. Quand on place le thermomètre dans un environnement plus chaud, le liquide de la cuvette se réchauffe. Il se dilate (augmente de volume) et, par conséquent, monte dans le tube gradué. Le liquide stoppe son ascension lorsqu'il atteint la même température que celle du milieu. Pour connaître celle-ci, il suffit de lire le nombre qu'atteint le sommet de la colonne liquide.

Comment ça marche ?, p. 116

Il existe plusieurs échelles de températures pour mesurer la chaleur. Les scientifiques, par exemple, effectuent leurs mesures en kelvins. Dans la vie de tous les jours, les gens utilisent plutôt les degrés Celsius (sauf les Anglo-Saxons qui ont recours, pour leur part, aux degrés Fahrenheit). Selon ces trois échelles, la température du corps humain est généralement de 37 °Celsius, ce qui équivaut à 98,6 °Fahrenheit ou encore à 310 kelvins !

De l'infiniment grand...

Qu'y a-t-il au-delà de notre galaxie ? Existe-t-il d'autres systèmes solaires ? Où s'arrête l'Univers ? L'infiniment grand fascine depuis toujours les grands et les petits... Depuis l'invention de la lunette astronomique par le physicien italien Galilée au début du 17e siècle, les savants ont développé toute sorte de machines extraordinaires pour sonder les profondeurs de l'Univers. Le principe de ces appareils est simple : ils captent les ondes qu'émettent les astres ! Certains astres émettent des ondes visibles, comme la lumière. D'autres envoient des ondes invisibles. Parmi celles que tu connais, il y a les rayons X, qui servent à photographier tes os, les ultraviolets, responsables des coups de soleil et les ondes radio, par lesquelles les émissions de radio et de télévision sont diffusées. Voici quelques-uns des appareils qui captent ces différentes ondes.

Le « VLT »

Les télescopes

Les télescopes captent la lumière émise par les astres, à l'aide de miroirs. Plus le miroir est grand et plus les astronomes voient loin et précisément. Or un miroir trop grand devient très lourd et se casse facilement. Dans les années 1970, les scientifiques ont résolu ce problème en construisant des télescopes qui utilisent plusieurs miroirs. Combinés, ces derniers reproduisent les capacités d'un seul et immense miroir. C'est le cas du « Very Large Telescope » (VLT), construit en 2000 sur le mont Paranal, au Chili.

Encyclopédie des sciences, p. 110

Cassini

Les **RADIOTÉLESCOPES** captent les ondes radio émises par les astres. Ces appareils sont munis d'immenses antennes paraboliques, qui ressemblent à celles qu'on utilise pour capter les émissions de télévision. Le plus grand radiotélescope du monde est le radiotélescope d'Arecibo, à Porto Rico.

Galileo

En plus de concevoir des appareils qui captent les ondes, les astronomes construisent des engins capables d'explorer des coins extraordinairement reculés du Système solaire. Ce sont les **SONDES SPATIALES** ! Ces dernières sont souvent équipées de caméras, d'ordinateurs et d'émetteurs puissants pour envoyer leurs observations à la Terre. Elles sont même parfois dotées de "bras" afin de prélever quelques échantillons de sol ou de gaz. C'est le cas des deux robots américains, « Spirit » et « Opportunity », qui se promènent sur Mars depuis janvier 2004 et qui transmettent des images incroyables de la surface martienne !

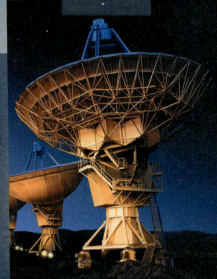

Radiotélescope

Les télescopes, radiotélescopes et sondes spatiales nous ont permis de découvrir de nombreuses facettes de notre Univers ! En 1924, l'astronome américain Edwin Hubble a bouleversé notre conception de l'Univers en découvrant, depuis le télescope du mont Wilson en Californie, que l'Univers abritait plusieurs galaxies (des « îles » remplies de gaz, de poussières et de milliards d'étoiles semblables à notre Soleil). Tu dois savoir que les galaxies présentent des formes différentes qui permettent de les classer : il y a les galaxies spirales (comme la Voie lactée), les galaxies elliptiques, les galaxies lenticulaires et les galaxies irrégulières (qui n'ont pas de forme particulière...). Mais les galaxies les plus étranges ont été découvertes en 1961 : ce sont les « quasars »...

Galaxie spirale

Des galaxies énergiques !

Les quasars sont des galaxies qui débordent d'énergie ! Elles sont si brillantes qu'on les a d'abord confondues avec des étoiles. Elles sont en fait des galaxies composées de centaines de milliards d'étoiles. Ce sont aussi les objets les plus lointains qu'on ait pu observer dans l'Univers à ce jour !

Galaxie lenticulaire   *Galaxie irrégulière*   *Galaxie elliptique*

Les astronomes ont observé pour la première fois en 1971 un objet de l'Univers pour le moins insolite... Il s'agit du trou noir ! Il a été détecté grâce à un radiotélescope à rayons X logé dans un satellite américain. Un trou noir est une minuscule région de l'Univers dans laquelle la force de gravité est si puissante qu'elle attire tout ce qui s'en approche, même la lumière ! Ce sont des étoiles au moins 10 fois plus massives que le Soleil qui se tranforment parfois en trou noir lorsqu'elles meurent...

Le pulsar du Crabe tourne à près de 30 tours par seconde !

Les étoiles très massives ne finissent pas forcément en trou noir, tu sais ! Elle peuvent aussi devenir une étoile dite « à neutrons ». Cette dernière contient autant de matière que le Soleil, mais dans un espace qui équivaut à la taille d'une grande ville. Elle est donc extrêmement condensée (un peu moins tout de même que le centre d'un trou noir...) ! Parfois, cette étoile tourne sur elle-même à des vitesses vertigineuses et envoie des ondes radio à intervalles réguliers. On l'appelle alors pulsar. Ce type d'étoile a été observé pour la première fois en 1967 à l'aide d'un radiotélescope. En tournant sur lui-même de cette façon, le pulsar ressemble un peu à un phare qui envoie sa lumière dans l'espace. Magnifique, n'est-ce pas ?

... à l'infiniment petit

Terminons notre petite visite du monde de la physique en explorant un univers qui attise la curiosité et l'imagination des physiciens : celui de l'infiniment petit ! Tu sais, l'Univers ressemble à un gigantesque jeu de construction... Il est fait de quelques petites briques que les physiciens cherchent à mieux connaître. Rappelle-toi ! Je t'en ai décrit quelques-unes aux pages 28 et 29. Les atomes, les électrons, les quarks... Parmi ces dernières, les plus petites sont appelées « particules élémentaires ». Pourquoi les qualifie-t-on d'« élémentaires » ? Eh bien, parce que ces particules sont les constituants fondamentaux de la matière et qu'elles sont (pour le moment) indivisibles...

Les physiciens connaissent actuellement 47 types de particules élémentaires qui composent la matière. Tu te doutes bien que je ne peux toutes te les présenter, mais voici un extrait qui t'en présente quelques-unes.

On peut classer les particules en deux familles : les fermions et les bosons. Les fermions regroupent les leptons et les quarks. Les **leptons** sont des particules qui peuvent se déplacer seules et librement. Leur représentant le plus connu est l'électron. Les **quarks,** pour leur part, ne se promènent jamais seuls. Ils sont toujours associés entre eux pour former des particules plus grandes. Ils s'assemblent, par exemple, pour former les protons et les neutrons (les constituants du noyau de l'atome). Les bosons, quant à eux, réunissent notamment les photons et les gluons. Les **photons** sont les paquets de lumière visible et invisible (comme les ultraviolets, les rayons X ou les infrarouges). Les **gluons,** de leur côté, sont des particules d'énergie qui maintiennent les quarks ensemble dans les protons et les neutrons.

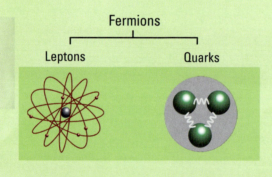
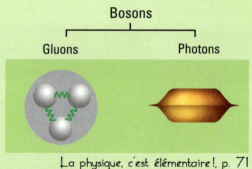

La physique, c'est élémentaire !, p. 71

Certaines particules élémentaires sont extrêmement difficiles à déceler. En effet, elles sont souvent groupées en éléments plus gros (comme les quarks qui forment les protons et les neutrons). Pour les observer, il faut casser ces regroupements ! Cela nécessite une quantité d'énergie phénoménale, tu sais ! Pour fournir cette énergie, les scientifiques ont imaginé une machine extraordinaire : l'accélérateur de particules. Jette un œil à l'extrait de mon livre « Comment ça marche ? ». Il t'explique très clairement son fonctionnement.

Un accélérateur de particules est un immense édifice en forme d'anneau. À l'intérieur, des particules chargées (comme les protons et les électrons) sont accélérées à des vitesses proches de celle de la lumière grâce à un champ électromagnétique. À la manière d'un jeu de quilles, une particule est lancée contre une autre à grande vitesse. Ce faisant, elle se brise et libère les particules élémentaires qui la composent. Ces collisions sont prises en photo puis analysées par les physiciens. C'est de cette manière que la plupart des particules élémentaires connues actuellement ont été découvertes.

Comment ça marche ?, p. 65

Parmi les découvertes réalisées dans les accélérateurs de particules, il y en a une qui me fascine tout particulièrement. Il s'agit de l'antimatière... Cette antimatière, mon ami, c'est le miroir de la matière que nous connaissons ! Par exemple, l'électron, qui est négatif, possède son équivalent dans l'antimatière. Il s'agit de l'anti-électron (on l'appelle aussi positron ou positon) qui est chargé positivement. Mon ami antiquaire Pietro Poussiero a retrouvé pour moi un article qui raconte quand tout a commencé. Le voici...

Par la suite, des anti-protons furent découverts dans des accélérateurs de particules en 1955, puis des anti-neutrons en 1956 et des anti-atomes en 1996.

Les découvertes de l'année 1932

L'antimatière existe !...

Le physicien américain Carl Anderson a découvert cette année une particule exactement opposée à l'électron (même taille, même masse mais de signe opposé). En découvrant expérimentalement un anti-électron, il confirme ainsi la théorie de son collègue, le physicien britannique Paul Dirac, selon laquelle il existe pour chaque particule, une antiparticule ! La science-fiction serait-elle devenue réalité ?

Lorsqu'une particule de matière et sa particule d'antimatière correspondante sont en présence, elles se détruisent mutuellement en laissant place à une explosion d'énergie. Tu te demandes sans doute comment notre Univers peut exister si la matière et l'antimatière cohabitent... Eh bien, les physiciens pensent qu'au moment de la naissance de l'Univers, il y a environ 15 milliards d'années, une grande explosion, qu'ils nomment le « big bang », aurait libéré autant de matière que d'antimatière. Ils supposent qu'à un moment donné, cet équilibre se serait rompu. La matière aurait alors existé en plus grande quantité que l'antimatière ce qui aurait eu pour conséquence de créer l'Univers que nous connaissons aujourd'hui. Sympathique ce déséquilibre, non ?

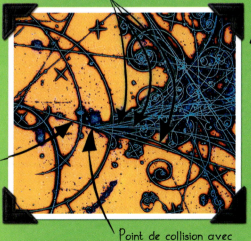

Particules libérées (des quarks, des électrons par exemple)

Trajet d'une grosse particule lancée à grande vitesse (un proton par exemple)

Point de collision avec une autre particule

Voici une photographie de collisions qui se déroulent dans un accélérateur de particules. Tu peux observer la trajectoire de la particule lancée à toute vitesse ainsi que la collision et les particules qui sont libérées. Magnifique, n'est-ce pas ?

Ce qu'il reste à découvrir...

La science a énormément évolué depuis sa naissance... La somme de nos connaissances scientifiques actuelles est extraordinaire. Mais penses-tu que les scientifiques ont tout découvert? Pour ma part, je pense que la science est une quête sans fin... Car chaque nouvelle découverte, chaque nouvelle théorie amène avec elle de nouvelles interrogations et, par conséquent, de nouveaux sujets de recherche! Mais toi, mon ami, que penses-tu qu'il reste à découvrir? C'est aussi la question que j'ai posée à mes jeunes amis de l'école Les Marguerite, à Varennes. Voici leurs réponses superbement illustrées!

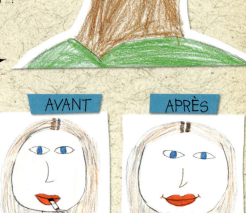

L'arbre qui donne de l'argent
Myriam, 10 ans

Tu sais, le 20ᵉ siècle a été riche en découvertes et le 21ᵉ siècle semble s'engager vers autant d'explorations et de trouvailles! Voici quelques découvertes récentes des trois domaines que nous avons vus ensemble tout au long de cet album.

Les mathématiciens ont mis au point la THÉORIE DU CHAOS. Grâce à celle-ci, ils peuvent étudier un phénomène impossible à prévoir, même avec le calcul des probabilités (par exemple, le trajet suivi par la fumée d'une bougie qu'on éteint).

La pilule pour arrêter de fumer
Sandrine, 10 ans

Les chimistes d'un laboratoire américain ont inventé un nouvel ACIER (un mélange de fer et de carbone) aux propriétés révolutionnaires! Ce dernier se déforme, rebondit et résiste à la corrosion. Il pourrait bien intéresser les militaires (pour construire des sous-marins), les sportifs (pour fabriquer des raquettes de tennis) et les bijoutiers (parce qu'il résiste à la corrosion).

Une garde-robe qui choisit tes vêtements
Maxime, 12 ans

Les physiciens ont découvert une nouvelle onde électromagnétique aux propriétés extrêmement séduisantes : les RAYONS T. Ces derniers sont capables de "voir" à travers la peau, les murs et de nombreuses autres matières... De plus, ces rayons sont sans danger pour la santé contrairement aux rayons X! Ces propriétés sont plus qu'intéressantes dans les domaines de la sécurité, de l'astronomie ou de la médecine... Les rayons T pourraient, par exemple, permettre aux dentistes de détecter plus rapidement les caries.

Une pilule qui fait parler les animaux
Carol-Ann, 11 ans

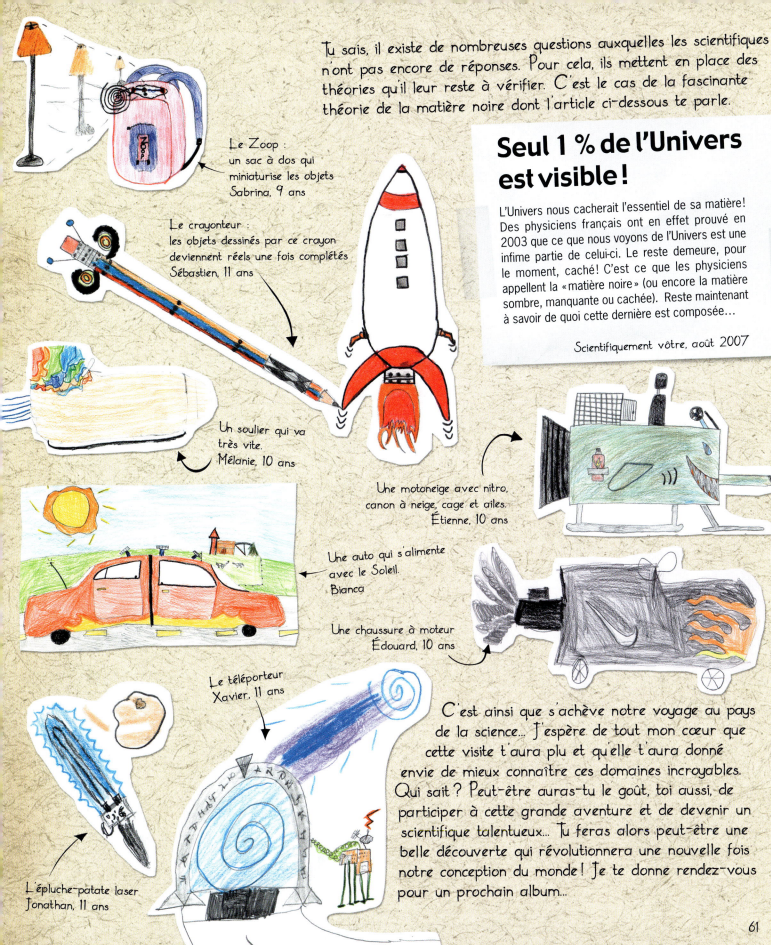

Index

ABC

accélérateur de particules 58, 59
acide 27, 33, 39
acide faible 39
acide fort 39
addition 8, 12, 24
aimant 48, 49
aire 20
alchimie 26
aluminium 31
amplitude 50
Anderson, Carl 59
angle 18, 20
angle aigu 18
angle droit 18, 20
angle obtus 18
angle plat 18
antimatière 59
anti-oxydant 41
Archimède 42
Archimède (principe d') 42
architecture 18
arithmétique 13
astronaute 44
astronomie 18, 56, 57
atome 28, 29, 30, 32, 33, 38, 46, 47, 50, 53, 58, 59
azote 31
base (composé chimique) 39
base (mathématiques) 11
benzène 33
Berzélius, Jöns Jacob 33
big bang 59
biologie 6
bobine 49
boson 58
calcul 12, 16
carré 18, 19, 20
Celsius 55
centimètre 13
centrale hydroélectrique 49
cercle 15, 18
chaleur 46, 54, 55
charge (électrique) négative 29, 46, 47
charge (électrique) positive 46, 47
charge électrique 46, 58
chiffre 8, 10, 11, 12, 15, 16
chiffres (histoire des) 10
chiffres indiens 11
chiffres romains 10, 11
chimie 6, 7, 26, 27
circonférence 15, 20
combustion 38
condensation 35, 37
conducteur 30
conduction 54
convection 54, 55
couleur 51
courant électrique 47, 49
cube 19

DEF

Dalton, John 28
décagone 19
décimètre 13
déduction 22, 23, 24
degré 18
démarche scientifique 6
Démocrite 28
démonstration 43
diamètre 15, 18
Dirac, Paul 59
distillation 26, 37
division 12
dodécaèdre 19
dynamo 49
eau 32, 35, 38
écho 53
écholocation 53
éclair 47, 53
Einstein, Albert 7
électricité 43, 46, 47, 48, 49, 54
électricité (production) 48, 49
électricité statique 47
électron 28, 29, 30, 46, 47, 49, 58, 59
élément (chimie) 7, 25, 28, 30, 31
émulsifiant 41
énergie 7, 27, 43, 46, 50, 52, 54
éolienne 49
Ératosthène 14
étoile 34, 50, 56, 57
Euclide 19
évaporation 36, 37
Fahrenheit 55
Fermat, Pierre de 16
fermion 58
fil électrique 47, 49
filtration 37
force d'attraction 44
force magnétique 48
forces 7, 43, 44, 48
forces électromagnétiques 44
forces nucléaires 44
formes (géométriques) 9, 18, 19, 20, 21, 22
foudre 47
fractale (géométrie) 21
fréquence 50, 52, 53
fusion 35

GHI

galaxie 21, 43, 56, 57
Galilée 43, 56
gaz 33, 34, 35, 37, 52, 54, 55
gaz carbonique 34, 35
géologie 6
géométrie 9, 19, 21
gluon 58
gravité 44, 45, 57
hasard (jeux de) 16
hexagone 19
Hubble, Edwin 57
huile hydrogénée 41
hypoténuse 20
hypothèse 6, 42
icosaèdre 19
illusion d'optique 21
induction électromagnétique 49
infiniment grand 42, 43, 56, 57
infiniment petit 42, 43, 58, 59
infrarouge 55

JKL

Kekule, Friedrich August 33
kelvin 55
kilomètre 13
Lavoisier, Antoine de 27
lentille 51
lepton 58
liquide 34, 35, 36, 37, 52, 54, 55
logique 9, 22, 23, 24, 25
longueur d'onde 50, 52
losange 18
lumière 43, 46, 50, 51, 53, 54, 56

MNO

magnésium 31
magnétisme 46, 48, 49
Mandelbrot, Benoît 21
marée 45
masse atomique 30
mathématiques 6, 7, 8, 9, 10, 12, 13, 14, 17, 19, 20, 22, 25
matière 7, 25, 26, 27, 28, 32, 34, 36, 38, 41, 44, 54, 59
médicament 27, 33, 41
Mège-Mouriés, Hippolyte 41
mélange 36, 37
Mendeleïev, Dimitri 30
mesure 13, 18
mesurer 8, 13, 20
métal 30, 31, 47, 54
mètre 13
microscope 29, 51
microscope à effet tunnel 29
millimètre 13
molécule 32, 33, 34, 36, 38, 41, 54
mouvement 7, 43, 44, 45
multiplication 12
neutron 28, 29, 58
Newton, Isaac 45, 51
nombre d'or 14
nombre 7, 8, 9, 10, 11, 12, 13, 14, 22
nombres (propriétés des) 14
nombres premiers 14
nomenclature 33
noyau (atome) 29, 30
numération de position 11
numéro atomique 30
nylon 27, 41
observation 6, 22, 23
octaèdre 19
octogone 19
onde 50, 52, 53, 55, 56
onde sonore 53
ondes radio 56
orbite 44
Oughtred, William 12

PQR

parallélogramme 18
particule 43, 44, 46, 50, 58
particule élémentaire 58
Pascal, Blaise 16
Pasteur, Louis 7
pentagone 19
périmètre 20
perspective 9
pétrole 37, 41
phi 14, 15
photon 50, 58
physique 6, 7, 42, 43, 45, 58
pi 15, 18
pied 13
planète 43
plasma 34, 35
plastique 27, 37, 41
pluies acides 39
poids 42
pôle nord 48
pôle sud 48
pouce 13
Priestley, Joseph 34

proton 28, 29, 30, 58, 59
puissance 12
pulsar 57
Pythagore 20
quadrilatère 19
quark 28, 58
quasar 57
racine 12
radiotélescope 56, 57
Rahn, Johannes Heinrich 12
rapporteur 18, 20
rayonnement 54, 55
rayons X 56, 57, 60
réaction chimique 27, 29, 34, 39, 40, 49
réaction physique 34, 38
recensement 17
Recorde, Robert 12
rectangle 18
réflexion 24
réflexion (d'une onde) 51, 53
réfraction 51
règle 20
répulsion 48
résonance 53
rouille 38

STU

savon 39
sel 32, 35, 39
Soleil 34, 35, 44, 55, 57
solide 34, 35, 36, 37, 52, 54
solidification 35
son 43, 46, 52, 53
sonde spatiale 56, 57
soude 39
soustraction 8, 12, 24
statistiques 17
sublimation 35
superficie 20
symétrie 21
système métrique 13
télescope 51, 56, 57
température 35, 55
tétraèdre 19
Thalès 22
thermomètre 55
tonnerre 53
tour de distillation 37
transformation chimique 27, 38
transformation physique 27, 34, 35, 36
trapèze 18
triangle 18, 19, 21
triangle rectangle 20
trou noir 57
ultrason 53
ultraviolet 56

VWXYZ

vaporisation 35
vitesse de la lumière 50, 53
volume 20, 42
Widmann, Johannes 12
zéro 11

SOLUTIONS DES JEUX DES PAGES 24 ET 25

Carré latin :

3	5	2	4	1
1	3	5	2	4
4	1	3	5	2
2	4	1	3	5
5	2	4	1	3

Grille logique :

F	C	I
A	H	B
E	D	G

Énigmes :

- DIX = 509 en chiffres romains
- Tous les mois possèdent 28 jours...
- L'âge du capitaine correspond à l'âge de la personne qui lit le problème !
- Le dollar manquant : Le calcul proposé est erroné ! Dans le montant de 27 $, les 2 $ de pourboire sont en fait déjà inclus (25 $ la chambre + 2 $ de pourboire). Pour retrouver les 30 $, il suffit d'ajouter les 3 $ que les amis ont récupérés. Essaye avec des pièces de 1 $ ou des jetons et tu verras qu'il ne manque aucun dollar !...

Crédits photos

p. 3 bd : Jean-Marie De Koninck © Matilde Matkovic / **p.11 c** : Laboratoire © 2007 Jupiter Corporation / **p.11 bc** : Frise © 2007 Jupiter Corporation / **p. 15 bg** : Ascenseur © Oleksandr Gumerov/iStockPhoto.com / **p. 18 hd** : Paysage © Dan Cooper /iStockPhoto.com / **p. 19 c** : Nil © Todd Bingham / iStockPhoto.com / **p. 21 hg** : Tigre © Stephen Meese/iStockPhoto.com / **p. 21 bd** : Fougère © Matthew Scherf/iStockPhoto.com / **p.22 bd** : Loupe © 2007 Jupiter Corporation / **p. 27 hd** : Antoine de Lavoisier © Hundred Greatest Men, The. New York : D. Appleton & Company, 1885 / **p. 29 bd** : Sigle IBM © IBM Research, Almaden Research Center, Reproduction interdite / **p.34 cg** : Bouteille et verre © 2007 Jupiter Corporation / **p.36 bd** : Salière © 2007 Jupiter Corporation / **p. 39 hd** : Pluies acides; Libre de droit / **p. 40 bg** : Lacets © Josée Noiseux / **p.41 hd** : Nylon © 2007 Jupiter Corporation / **p 42 bc** : Archimède © Archimède par Domenico Fetti, 1620 / **p. 43 hd** : Tour de Pise © Lawrence Sawyer/iStockPhoto.com / **p. 44 bg** : Astronaute © NASA / **p. 45 hg** : Rochers de Hopewell à marée basse © Ministère du Tourisme et des Parcs, Nouveau-Brunswick / **p. 45 hg** : Rochers de Hopewell à marée haute © Ministère du Tourisme et des Parcs, Nouveau-Brunswick / **p. 45 bc** : Isaac Newton © Shuster, Arthur and Arthur E. Shipley. Britain's Heritage of Science. London : Constable & Co. Ltd., 1917 / **p. 47 bd** : Cheveux électriques © Josée Noiseux / **p. 52 bg** : Explosion © Björn Kindler/iStockPhoto.com / **p. 56 c** : Very Large Telescope © European Southern Observatory / **p. 57 hg** : Galaxie spirale © NASA/JPL-Caltech/K. Gordon (University of Arizona) & S. Willner (Harvard-Smithsonian Center for Astrophysics) / **p. 57 hc** : Galaxie elliptique © NASA, ESA, and The Hubble Heritage Team (STScI/AURA) / **p. 57 hd** : Galaxie lenticulaire © Dr. Elinor Gates, courtesy of University of California / **p. 57 hd** : Galaxie irrégulière © NASA, ESA, and The Hubble Heritage Team (STScI/AURA) / **p. 57 bd** : Pulsar du Crabe © NASA/CXC/HST/ASU/J. Hester et al. / **p.59 hd** : Frise © 2007 Jupiter Corporation / **p. 59 bg** : Collision de particules © CERN.

En l'absence d'indications complémentaires, les photographies sont situées comme suit : **h** haut **b** bas **c** centre **d** droite **g** gauche

Mes remerciements

Un grand merci à tous ceux et celles qui ont participé à l'élaboration de cet album si important pour moi…

À Martine Podesto, pour sa confiance, son support et, comme toujours, son travail acharné.

À Claire de Guillebon, pour ses mots qui ont si bien traduit mes pensées.

À Josée Noiseux, pour m'avoir suggéré une mise en page harmonieuse et originale ainsi que pour ses précieux conseils artistiques.

À Alain Lemire, Pascale Dupré et Daniel Games pour leurs merveilleux coups de crayons. À Jean Morin, pour ses sympathiques bandes dessinées.

À Émilie Bellemare, pour sa créativité et son assistance auprès de Josée. À Mathieu Douville, pour son aide précieuse.

À Anne Tremblay, pour son œil averti.

À Gilles Vézina, pour avoir réuni toutes les photos dont j'avais besoin.

À Nathalie Fréchette, pour avoir magnifiquement géré la production de cet album.

À Claude Frappier, pour avoir gentiment accepté de faire la révision linguistique des textes.

À Michel Lyons, co-inventeur de la méthode Défi mathématique (www.defimath.ca), pour ses conseils éclairés et la validation du contenu mathématique de l'album.

À Vincent-Xavier Saint-Laurent, enseignant de mathématiques, sciences et musique à l'école secondaire Mgr-Richard, pour son aide et la validation du contenu sur la chimie.

À André de Bellefeuille, professeur de physique au cégep Édouard-Montpetit, pour la validation du contenu sur la physique.

Je souhaite aussi remercier particulièrement les personnes qui m'ont prodigué leurs conseils avisés afin de présenter ces domaines scientifiques de manière très attrayante :

    Patrice Baril, conseiller pédagogique à la commission scolaire du Val-des-Cerfs à Granby.

    Louis Taillefer, directeur du Regroupement québécois sur les matériaux de pointe et du Programme sur les matériaux quantiques de l'Institut canadien de recherches avancées.

À mon ami, Jean-Marie De Koninck, qui m'a fait l'extrême plaisir de rédiger la préface de cet album.

À mes amis, Jacques Fortin, François Fortin et Caroline Fortin qui m'appuient sans relâche depuis mes débuts.

Enfin, un immense merci à tous les jeunes de l'école Les Marguerite à Varennes pour leurs magnifiques chefs-d'œuvre.

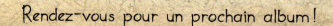

Rendez-vous pour un prochain album !